スピリチュアルヘルス宣言

魂の聖なる癒しへの旅

明石麻里＝著

太陽出版

スピリチュアルヘルス宣言

はじめに

今、日本ではスピリチュアルなことに関心を持つ人たちがとても増えています。

欧米では、1980代後半以降に起きたニューエイジムーブメントによって、スピリチュアル・スピリチュアリティという言葉が広く使われるようになりました。ニューエイジムーブメントというのは、既存の宗教宗派を超えて、一人ひとりの霊性を重視する社会的な潮流です。

また、伝統的にキリスト教の影響の強い欧米では、スピリチュアリティは、宗教とは異なるニュアンスを持ち、宗教を超えた心のよりどころであり、目に見えない大いなるものとのつながりを示す言葉として使われてきました。

一方、日本においては、1990年代後半以降、スピリチュアルという言葉がテレビや雑誌などのメディアで使われはじめました。スピリチュアルという言葉を使った本は年々増え続け、精神世界・スピリチュアルコーナーはほとんどの書店で見られるようになりました。そして、生き方、いのち、魂、目に見えない大いなるものとのつながりを示す言葉として生活の中に受け入れられるようになっています。

そもそも、スピリチュアリティの語源である「spirit」はラテン語で、息、風、活力、生命などを意味する「spritus」という言葉からきています。聖書に、「神が人間を土からつくり、息を吹きかけたとき、生命が宿った」という記述があるように、西洋では、spiritは人間を超越した存在から与えられた〝生命の根源〟と考えられていたのです。

一方で日本語には、スピリチュアリティを意味する適切な言葉がなく、霊性と訳された時期もありました。しかし日本語で霊性というと、お化けや幽霊をイメージさせやすく、本来の意味が損なわれてしまうため、最近では、カタカナでスピリチュアリティと表記されるようになったようです。このように、いろんな意味を含んでいるために、漠然ととらえられているのがスピリチュアリティという言葉ではないかと思います。

果たしてスピリチュアリティとは一体、何を意味し、私たちの健康や人生にどう影響するのでしょうか？

この本を通して、私自身がスピリチュアリティ、スピリチュアルヘルスを模索してきた道のりをお話ししながら、読者の皆さんと一緒に、スピリチュアルヘルスについて分かち合っていければと思います。本書は、おおむね次のような主旨と流れで構成されています。

前半のパート1、2、3、4はスピリチュアルヘルスの理解を深める内容、後半のパート5、6、7はセルフヒーリングの実践ガイド、パート8はそのまとめの内容となっています。

前半では、スピリチュアルヘルスについて、医療の変化、最先端物理学が示すエネルギー医学やスピリチュアルな世界などのスピリチュアルヘルスに関わる科学的な側面と、スピリチュアルな癒しへと導かれた私の体験をご紹介しています。

そして後半は、スピリチュアルヘルスを築くため、身体から魂までの癒しのセルフヒーリングの方法やエクササイズが掲載されています。

一つひとつのステップを実践することで、あなたがスピリチュアルな癒しへと導かれるように心から願っています。

なお、各章でご紹介する人たちの個人的な特徴は、個人情報を守るために変えてありますが、物語の本質的な部分に変わりはありません。

目次

Part 3　スピリチュアルヘルスの時代へ

Part 4　スピリチュアルヘルス宣言

Part 5　スピリチュアルヘルス　実践編その1

Part 6　スピリチュアルヘルス　実践編その2

Part 1

機械的な医療から全人的な医療へ

第1章　医療とスピリチュアリティ

医療におけるスピリチュアリティとＷＨＯの提言

現在、医療の世界でも「スピリチュアリティ」が注目されるようになってきました。今後、21世紀の医療では、スピリチュアルヘルスが重要なテーマとなってくるでしょう。現代の医療におけるスピリチュアルヘルスへの理解は、ホスピスケアやターミナルケアから始まりました。死に直面し、自分自身の存在に価値や人生の意義が見出せない「魂の叫び」ともいえる深い苦悩、つまり、スピリチュアルペインへのケアの重要性が問われはじめたのです。

１９８４年、世界保健機関（ＷＨＯ）の第37回総会で、「スピリチュアルな次元から見た健康、spiritual dimension of health」について言及されました。そこでは、スピリチュアルな次元とは「物質的な性格のものではなく、人間の心と良心に合わされた思想、信念、価値および倫理、とくに、高邁な思想の範疇に属する現象」と定義されました。

そして、末期がんやエイズ患者でのスピリチュアルケアの必要性がさらに増大し、１９９９年の第52回ＷＨＯ総会で、スピリチュアルという用語を入れた健康の定義の改正案が提案されました。「健康とは、肉体的、精神的、**スピリチュアル的**、社会的に完全に良い**一連の状態**であって、単に病気や病弱でないということではない。Health is a dynamic state of complete physical, mental, spiritual and social well-being and not merely the absence of disease or infirmity.」という改正案では、従来の定義に太字部分が追加されたのです。

ところが、残念ながら「スピリチュアルな次元は重要であるものの、現行の健康の定義が適切に機能しており、早急な結論は必要がない」として採択は見送りとなりました。

そこで、ＷＨＯではクオリティ・オブ・ライフ評価尺度（Quality of Life, Spirituality Religiousness and Personal Beliefs〈ＳＲＰＢ〉）を作成するにあたり、スピリチュアリティの定義を明確にするため、世界四大宗教の研究者やＱＯＬ研究者を集めて会議を開き、国際調査研究を行いました。

その結果として、２００２年、宗教や文化や民族を超えた、スピリチュアリティの概念構成がまとめられました。世界における標準的なスピリチュアリティを、「個人的な人間関係」「生きていく上での規範」「超越性」「特定の宗教に対する信仰」といった四つの領域を包括するものとして定義したのです。このように、ＷＨＯでは健康や医療において、スピリチュアリティが重要な役割を果たしていることを明確に示しています。

古代で実践されたスピリチュアルな医療

スピリチュアリティに配慮された医療は、すでに古代から実践されていました。紀元前４～５世紀から紀元後４世紀頃の古代のギリシャやトルコなど地中海沿岸の地域では、アスクレピオンという統合的な癒しの医療センターがあり、一般庶民から皇帝までが治療のために訪れていました。現代でいえば病院にあたる施設ですが、実践されていた医療は現代のものとは異なり、より全体的、統合的で、その基本にスピリチュアリティがありました。医学の父・ヒポクラテスも、ギリシャのコス島のアスクレピオンで学び、従事していた医師の一人でした。

アスクレピオンという言葉は、ギリシャ古代の医神アスクレピオスからきています。ギリシャ神話のアポロンの息子のアスクレピオスは、死者までも生き返らせるほどの非常にすぐれた腕の医師であったため、医の神様といわれました。アスクレピオンではアスクレピオスを祭った神殿が必ずあり、ギリシャやエジプトなどの神々の神殿もありました。そこでは治療に際して、神々への祈りが捧げられたのです。

ギリシャのエピダウロスにあるアスクレピオンの遺跡

現在、ギリシャのエピダウロス、トルコのベルガマにアスクレピオンの遺跡が残っています。どちらも紀元前4～5世紀から紀元後4世紀頃に破壊されるまで、癒しのセンターとして使われていました。遺跡は山や泉などの自然に恵まれた場所にあり、診療施設を中心とした広大な敷地に、神々の神殿、宿泊施設、浴場、運動用のジム、野外劇場、音楽堂、図書館などが建ち並び、薬草療法、食事療法、運動療法、泥療法（タラソセラピー）、日光浴、芸術療法、夢療法が行われました。

治療を受けるためには、まず施設入り口の診療所で健康診断を受け、泉の水で心身を清めて神様に祈りを捧げることと、病院は寄付で成り立っていたため捧げものをすることが必要とされました。その後、センターの中に入り、入院治療を受けることを許可されましたが、死に瀕した人は入院を許可されなかったそうです。

場のエネルギーや薬草・強壮剤の助けを受け、健康的な食事や運動、マッサージや入浴でリラックスし、楽しみ発散することも治療として用いられましたが、最も重要な治療法は夢療法でした。２週間ほどかけ、入浴や泉で清められた患者は、アバトンと呼ばれる〝聖なる仮眠所〟に入り眠ることを許可されました。そこで見た夢を神官が解釈して患者に内容を説明し、そのお告げに従って治療が行われました。時には医神アスクレピオスが夢に現われて瞬時に病が癒えたり、薬草の処方を下すこともあったそうです。

その他の伝統医療においても、同様に自然や宇宙とのつながりが重視されていました。人間は自然の一部であるからこそ、人間と自然との関わり、大いなるものへのつながりは古代の医療において不可欠な要素でした。そのため、アスクレピオンで行われていた医療は、場のエネルギー、祈りの力、無意識の領域へのアクセス、水の浄化の力など、目には見えない世界が健康に与える影響を考慮した、スピリチュアルな次元を取り入れた医療だったといえます。

ＷＨＯのシンボルに蛇が絡みついた杖が用いられているのも、古代ギリシャ・トルコでは蛇が医療や癒しの象徴とされていたことからきています。脱皮する蛇は「再生（生まれ変わること）」を象徴し、いのちや癒しの力を表わしていると考えられたからです。古代の治療の真髄は、心身ともに生まれ変わるような深い癒しだったのでしょう。古代の医療は、私たちにトータルな健康や医療は何なのかを語り、よりよい健康を得るために何が必要なのかを教えてくれています。

現代医学におけるスピリチュアリティ

現代の医学の世界でも、スピリチュアリティは欧米を中心に医療の中に浸透しつつあります。医学系論文の数を「スピリチュアリティ・Spirituality」で検索すると、2010年5月の時点で、4000を超える研究論文がすでに発表されています。それらの研究は、緩和ケア、各種がん、各種慢性疾患、疼痛領域、看護、ヘルスプロモーション、エイジングなどの分野に及び、多くの論文でスピリチュアリティが健康状態に影響し、とくにQOL（生活の質）を向上させ、ストレスからの回復をもたらすと述べています。

近年、末期がんの疼痛緩和や終末期医療において、スピリチュアルペインが大きく症状に影響することが分かり、スピリチュアルケアの重要性が注目されるようになりました。そこで、WHOは1990年にがんの緩和医療に関する書物で、スピリチュアルケアががんの末期患者にとって重要であると表明しています。

WHOが緩和ケアの臨床において、スピリチュアルケアが重要であることを示したことは、大きな意味を持っています。身体的治療だけでなく、スピリチュアルな面でのケアや苦痛の緩和も医療の一環であり、すべての医療機関、医療従事者にスピリチュアルケアを考える必要性が示されたからです。

また1990年代には、HIV感染症患者が社会的差別やそれによってもたらされる孤独の中で死を受容しなければならないといった、スピリチュアリティな苦悩に対するケアも必要となりました。現在では疼痛には、肉体的苦痛、精神的苦痛、社会的苦痛、そしてスピリチュアルな苦痛の四つの側面があり、それらが互いに関係し合って疼痛をより強く、悪循環させていくと考えられるようになりました。現在、疼痛に関連する治療においてスピリチュアルケアへの認識は高まっており、今後、より具体的なアプローチを実践していくことが求められていくでしょう。

父のがん発症と死を通して感じた延命治療のあり方

現代医療は、損なわれた身体面や認知面の機能を回復させ社会に戻すことを目的とし、そのために生存することを前提として発展してきました。つまり、死は命の終わり、医療の敗北を意味することになり、その結果、延命のため生存期間が重視され、できる限り積極的な治療を行うことが正しいことと考えられてきました。また患者さんやその家族にとっても死は避けられるべき話題であり、死は医療の中でタブーのテーマとなっていました。

私は医学生のときに、父のがん発症と死を通して、延命治療のあり方に疑問を覚えた経験があります。私の父は、57歳で食道がんのため他界しました。父のがんが見つかったのは、ちょうど私が医学部の3年生のときでした。ある朝、私は奇妙な夢を見ました。白黒の世界を、両親と私を乗せた車が迷走している、目の前の道路には真っ赤な血が流れている、そんな夢から目覚め、気持ちが悪かったなーと思った瞬間、電話のベルが鳴ったのです。

「パパの食道に病気が見つかった。たぶん、がん。大変なことになると思うから、そう思って準備しておきなさい」と、母の沈んだ声でした。当時、がんは告知されないことが常識で、手術、抗がん剤、放射線の治療が主流でした。当然、父にも告知はされませんでしたが、当初から父はがんであることを疑っていたようでした。「がんかもしれない、でも早期であってほしい、そうに違いない」と自分に言い聞かせ、つらい治療に耐えていたのだと思います。

しかし、がんは肝臓に転移したのです。肝臓のがんを切除する目的の二度目の手術では、お腹を開けたとき、がんは肝臓だけでなくあちこちに散らばっており、なすすべもなく閉腹されました。それでも手術は成功したと父には告げられました。にもかかわらず、食事がのどを通らなくなり、どんどん体力が衰えていく中で、父自身、自分はがんであり、もはや手の施しようがない状況と悟ったのでしょう。

ある時期、父はお坊さんと話がしたいというようになりました。たった一度、同じ病院に入院したことのあるお坊さんとお話をするチャンスがありました。一体、何を話したのか私たちには分かりません。しかし、死期が迫っていることを知った父が、死の恐怖と今までの人生の喜び、後悔を誰かに語りたかったことがひしひしと感じられました。それでも父は、自分ががんであることを知っていると、家族に伝えたことはありませんでした。そうすることで家族を傷つけたくないと思ったのでしょう。父も家族も、真実を知りながら、相手のいう偽りを信じているふりをしていることは本当につらいことでした。

二度目の手術のあと、自宅に一度も帰ることもなく、父は、挿管、点滴をされたまま、病院で最後の日を迎えました。そして、延命のための処置が最後まで施されました。これが本当に最高の医療なのか？　父は納得のいく医療、ケアを受けたのか？　納得のいく生だったのか？　家族として納得のいく関わりができたのか？　医療従事者にとっても納得のいく医療ができたのか？　患者の家族として、医学生として、一人の人間として、私には多くの疑問が湧き起こりました。

近年、延命治療の是非が議論されています。日本のような先進国では、適切な医療を受けることもできずにひとが亡くなっていく時代は終わりを告げました。現在、日本では90％以上の人が病院で亡くなり、自然死を迎える方が珍しいことになっています。医療機械に囲まれ、高度の医療が行われても自宅に帰ることもできず、話すこともできない状態で、死が目前に迫っていても延命治療が施されるのは、病は治すものであり、死は敗北とされてきたからです。

もちろん、救急医療では延命措置の発展によって、多くの患者さんを救ってきました。しかし、がんなどの慢性疾患や超高齢者の終末期においては、肉体を延命させるためだけの治療を現実に体験した多くの人びとが、その空虚さと疑問を感じています。生きるために重要なことは時間の長短でなく、納得のいく充実した時間を過ごすことだと人びとが思いはじめたのです。

生きること、健康であること、病の本質とは、死とは何なのかを問うことが、今、求められています。そして、その本質に沿った生きる意味を含めた全人的な関わりや、包括的な医療への期待が高まっているのです。

第2章　QOLが重視される医療

機械的な医療から包括的（ホリスティック）な医療へ

冒頭に述べたように、医療は、もともとスピリチュアリティを含めた包括的なものでした。皆さんはヒポクラテス（B.C.460年頃～375頃）という名前を聞いたことがあるかと思います。ヒポクラテスは、健康と病気を自然の現象として科学的に観察し、医術を呪術から引き離したため、医学の父と呼ばれるようになりました。しかし、ヒポクラテスは身体を単に物質として見たわけでなく、身体に備わる自然の力と身体の環境との関わりを説き、人体の全体性を重要視していました。ヒポクラテスは「われわれの身体にはもともと健康に戻そうとする自然の力（Physis）があり、医者はそれを助けるのが任務である。病気は自然の経過で、医術はこれを助ける技術である」と述べています。

つまり、身体の構成要素と自然界の不調和の結果として病が生じ、その不調和を回復させるために食事療法や環境なども改善しながら本人の自然の力を賦活する。そのように人間の全体性の調和を重視したのです。

中国医学やアーユルヴェーダ（インド医学）、イスラム医学においても、患者自身の自然治癒力や全体性が重視された医療が行われていました。しかし、近代になって自然科学の発展とともに身体と心は切り離され、還元主義的に、より分析的に、病因や肉体のメカニズムが追求されました。その結果、20世紀、西洋医学は目覚ましい発展を遂げ、平均寿命も飛躍的にのび、人類が大きな恩恵を受けたことは間違いありません。

そして、現代医療では、肝臓内科、消化器内科といった臓器の専門分野に分かれ、遺伝子治療や再生治療といった非常に高度な多くの治療法が開発されました。

しかしその一方では、がんをはじめとして、多くの慢性疾患や難治性の疾患には手を焼いていることも確かです。また、複数の疾患を抱える患者さんの場合、背後にある疾患の相互のつながりをとらえることや、全体のバランスの状態が把握できないまま、それぞれの疾患に対して個別的、専門的な治療が行われているのも現状です。

そのため、まるでモグラ叩きゲームで、本質的な問題であるモグラを捕まえることができずに、出てくるモグラをただ叩いているような印象すら受けることがあります。なぜなのでしょうか？　もうお分かりのように、そもそも、病は身体面や認知面だけの不調ではなく、全体性の不調和が要因で起こっているからです。

全体性の不調和に着目して、より本質的な問題の改善を図ろうとするのがホリスティック医学です。ホリスティックという言葉は、「whole=全体性」を語源としています。私たち一人ひとりは、単に肉体だけの存在ではありません。心や魂があり、それぞれが異なるユニークな経験を持ち、いのちのストーリーを織りなしている存在です。

つまり人間は、身体・心・魂を持った存在で自然や社会とのつながりの中に生きていること、それらの全体としてのバランス、それぞれのつながりが良好になっていてこそ健康な状態が維持されるのです。そういった、人間をまるごととらえる医療がホリスティック医療なのです。

ですから、全人的にトータルな健康を得るためには、身体・心・魂の健康、社会・自然・大いなるものとのつながりを考慮することが必要不可欠です。患者の身体面、心理面、社会面、環境、そしてスピリチュアルな面に配慮し、患者の生命の質の向上を高める医療の考え方がホリスティックな医療なのです。

そこで近年、ホリスティック医療を実践する医療として、伝統医療をはじめとする補完代替医療（Complementary and Alternative Medicine＝ＣＡＭ）が注目されました。そして、西洋医療とＣＡＭの良い点を取り入れた医療モデルとして、今、統合医療へと世界の潮流は向かっています。

しかし、実のところ統合医療の実践の基礎は、すでに30年ほど前から日本で行われてきました。それが、心身医学です。心身医学は、人間の身体と心は分けることのできないもの、つまり、心身一如《いちにょ》の考え方の上に成り立っています。身体面、心理面だけを診るのでなく、身体と心とのつながり、周りの人びととの関係、環境や社会との関係なども考慮して、自分自身をよく知り、セルフケアを通してよりよい人生を生きることを目的としています。そのため日本で、主に心療内科で行われきた心身医学は、統合医療の基本を学ぶ上で非常に重要なものといえます。

世界に注目されているさまざまな補完・代替医療（ＣＡＭ）

現代西洋医学以外の治療法は、すべて補完・代替医療（ＣＡＭ）と呼ばれています。たとえば、アーユルヴェーダ、中国医学、チベット医学、イスラム医学といった伝統医療、ナチュロパシー[1]、ホメオパシー（P125参照）、アントロポゾフィー医学[2]など、それ自体がホリスティックな医療体系を持つものがあります。

また、サプリメントやハーブ、アロマオイルのように、生化学的な効果を持つもの、マッサージ、カイロプラクティック、オステオパシー[3]のように徒手的に身体を整復することを目的としたもの、瞑想、スピリチュアリティ、芸術療法、バイオフィードバック[4]のように心身相関に介入するもの、ハンドヒーリングや電磁療法のように生体エネルギー場に働きかけるエネルギー療法など、さまざまなＣＡＭが普及しています。それらCAMは、すでに鍼灸《しんきゅう》や漢方があった日本よりも、欧米の方が普及・発達し、より広範に医療の中に取り入れられています。

アメリカでは、国立補完代替医療センター(National Center for Complementary and Alternative Medicine=NCCAM)による大規模な調査が2007年に行われました。その調査では、アメリカ成人の38・3%、小児の11・8%がCAMを利用していたことが分かり(図1)、サプリメント、呼吸法、瞑想、カイロプラクティック、オステオパシー、マッサージ、ヨガなどが比較的多く利用されていました(図2)。また、アメリカ人は、西洋医学の医療機関に支払う治療費や薬剤代の約1/4程度に相当する金額をCAMの施術代やサプリメントなどに費やしているという結果が出ています。

CAMに関する研究や教育に関する公的機関は、アメリカだけでなく、カナダ、イギリス、デンマーク、ノルウェーにも設置され、アメリカ、カナダ、イギリスなどでは医学部の中に統合医療学部があり、統合医

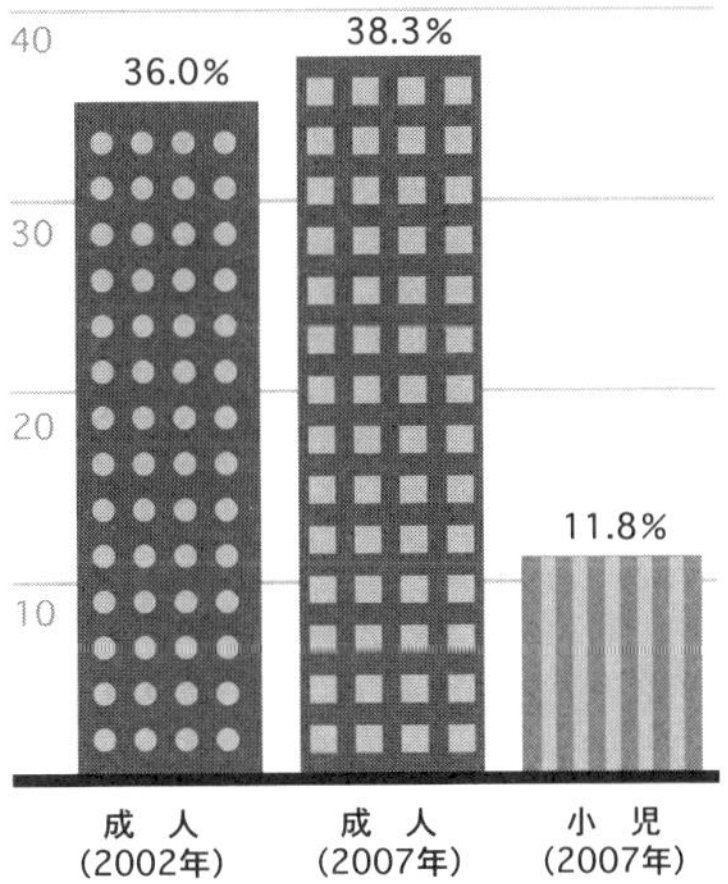

図1 アメリカ成人および小児のCAMを利用する割合
(米国国立補完代替医療センター調べ)

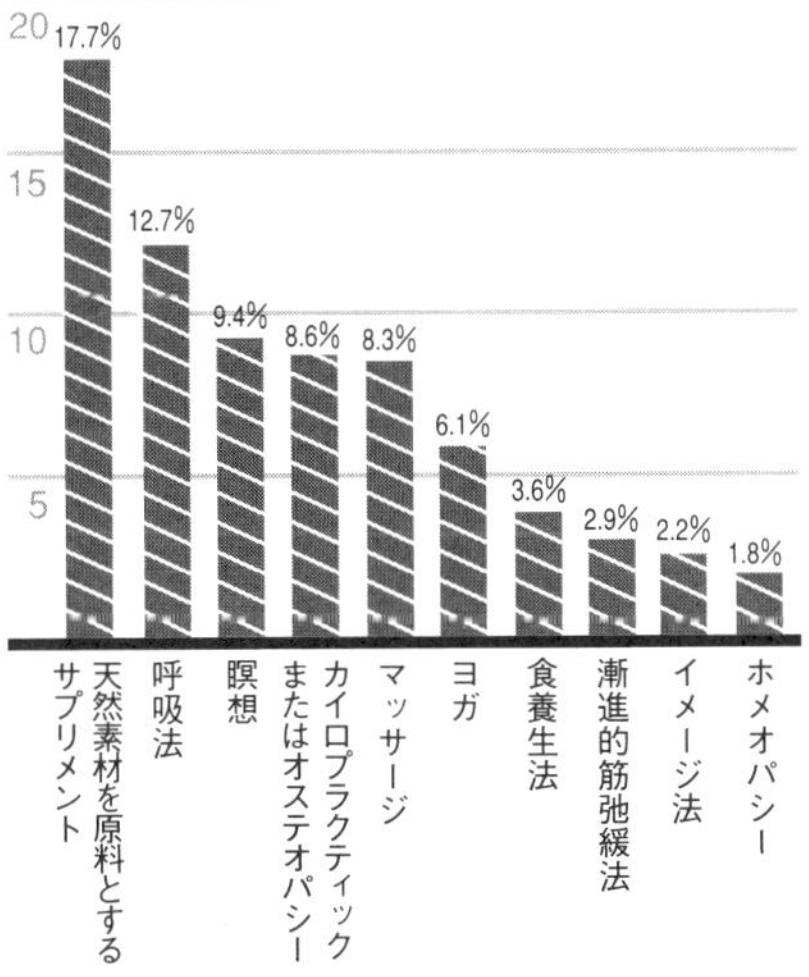

図2 アメリカ成人が最も多く利用するCAMの療法
(2007年 米国国立補完代替医療センター調べ)

療の研究、実践が行われています。実際、イギリスでは、ホメオパシーやスピリチュアルヒーリングが公的保険でカバーされ、イギリス王室がホメオパシーや統合医療の普及に寄与しています。

またドイツでは、アントロポゾフィー医学の病院があり自然療法士が国家で認定されています。中国では中国医学が西洋医学と並んで使用され、中医学が世界の漢方のスタンダードとなるように中国政府が働きかけています。このように世界の多くの国々では、ＣＡＭや統合医療の推進に対して、国家としての取り組みがなされています。

日本においても日本統合医療学会を中心として、統合医療の整備と発展が進められていますが、政府としての取り組みへの理解は欧米には及んでいません。今後、日本における統合医療が医療の中で役割を十分に発揮できるような、実践の場や教育などの取り組みが必要です。

（１）ナチュロパシー＝19世紀に西洋で行われていた伝統医療をもとに、食事療法、栄養指導、ライフスタイル改善、薬草療法、運動療法、マッサージ、ホメオパシーなどのさまざまな療法を組み合わせ、生体の持つ自然治癒力を高めることを目的とした医療。

（２）アントロポゾフィー医学＝ルドルフ・シュタイナー（１８６１～１９２５）が提唱した精神科学のアントロポゾフィー（人智学）を基盤として、イタ・ヴェークマン医師（１８７６～１９４３）の協力のもとに創始された医療。

（３）オステオパシー＝アメリカ人医師アンドリュー・テイラー・スティル（１８２８～１９１７）が１８７４年に創始した医療。筋骨格、それらと関連する神経系・リンパ・血管等の歪みや障害を徒手的に整復することで自然治癒力が発動され、機能回復、健康増進が行われることを目的とする。

（４）バイオフィードバック＝生体の呼吸や脈拍などの生理的情報を計測し、それをフィードバックすることで、身体の状態を確認しながら心身をよりよい状態にセルフコントロールする能力を高める療法。

精神性によって左右される心・身体・人生

全人的な健康と長寿は、さまざま要因とバランスによってもたらされます。

長年、沖縄は長寿の島として有名で、平均寿命は１９８０年には男性74・５歳、女性81・７歳で全国トップでした。２０００年には男性77・６歳、女性86・０歳で、男性は全国24位になりましたが、女性はトップを維持しています。その理由としては、健康的な食事と暖かい気候、コミュニティーと地域の伝統的に根ざしたスピリチュアリティがあることが考えられています。

これらの要因が長寿のカギであることは、アメリカハーバード大学の研究でも示されています。２００６年にはニュージャージー州バーゲンカウンティに住むアジア女性の平均寿命がアメリカ国内最高であることが判明し、アジア系高齢者の生活様式が注目されました。それによると、バーゲンカウンティに住むアジア系高齢者の平均寿命は91・１歳で、全米で最高。アメリカ全体の平均寿命（77・５歳）やアメリカ全域のアジア系女性の平均寿命（86・７歳）よりはるかに高い結果でした。さらに、アメリカ北東部の最長寿地域とされるバーゲンカウンティの平均寿命（80歳）よりも11・１年も長かったのです。

同地域に住むある高齢者の韓国人女性は、アメリカ最高レベルの医療施設と食べ物、心の平和を長寿の秘訣に選んでいます。専門家は肉類をなるべく控える健康的な食生活や、子女の教育水準が高く、これといった心配事のない老後を過ごしているのも、健康を維持する要因としてあげています。また、多くの高齢者が信仰を通じて心の平安を保っており、コミュニティーの中で高齢者同士の関係が良いのもプラスになっていると考えられました。

また、ペンシルヴェニア州のイタリア系移民の町ロジートでの心臓病の調査があります。ロジートでは心臓病による死亡率が、隣町バンガーや近くの町ナザレスの住人と比較して驚くほど低いものでした。心臓病のリスクである喫煙、脂肪分の多い食事、糖尿病などの状況は三つの町で変わりはなく、同じような医療施設、水道設備、医師の水準も変わりがなかったのです。

なぜ、ロジートの町の住人だけが心臓病で亡くなる人が少なかったのでしょうか？

1882年にイタリア南部のある町から移民してきた人たちのコミュニティーであるロジートでは、当時も人種的、社会的な同一性が強く、家族の結束やコミュニティーの関係が密でした。研究者たちは、さまざまな世代が同居し、宗教心が厚く、人間関係が密なコミュニティーによるサポートなどが、住民の長命に役立っているのではないかと考えました。

しかし1960年代から70年代にかけて、ロジートのコミュニティーは家族の絆が緩《ゆる》み、住民が孤立した都市型のコミュニティーへと変化し、心臓病の死亡率も他の町と同じレベルまで上昇したのです。それをふまえて1979年から1994年までの間に、八つの大規模なコミュニティー調査が行われました。アメリカのいくつかの州、フィンランド、スウェーデンなど社会的状況の違いも考慮して調査されましたが、結果は驚くほど共通していたのです。社会的に孤立した人は、コミュニティーのつながり、人間的な絆を持つ人たちに比べて、あらゆる原因の早死のリスクが2〜5倍も高かったのです。

また、日本で行われたクオリティ・オブ・ライフ評価尺度（WHO　QOL−SRBP）での研究結果では、宗教を持つ人はそうでない人と比べて、有意にQOL（生活の質）が高く、個人のスピリチュアリティのあり方とQOLには強い関連があることが結果として示されました。これらのことから、精神的な平安と人びととのつながりが心身の安定につながり、豊かな人生を送る要因であることは明らかです。ですから、一人ひとりのスピリチュアルなあり方、自分自身へのスピリチュアルケアは、よりよい人生を送る上でとても重要なカギになってきます。

高まるスピリチュアルケアへのニーズ

このようにスピリチュアリティが心や身体、生き方にまで影響を与えることは疑う余地もありません。現在、スピリチュアルケアが実践されているのは、主にターミナルケアや緩和医療です。日本でも「がん対策基本法」の中で緩和ケアの重要性が強調され、がん拠点病院には緩和ケア外来、病棟を設置することが必須になるなどの具体的な指針が示され、スピリチュアルケアをどう行っていくのかの議論が高まっています。たとえば、キリスト教精神に基づいたチャプレン[5]、仏教カウンセラーなどがチームとして医療に関わるといった動きや、スピリチュアルケア学会の創立などがあげられます。

緩和医療でのスピリチュアルケアは、死を目前にし危機的状況にさらされた患者が、その命を支える根源を見つけ出し、自己存在の本質を明らかにすることで、残された生を充実させようとするものと考えられます。そのため、医療従事者にはその患者の苦悩に寄り添い、力づけることで、患者のスピリチュアルな気づきへのサポートを提供することが求められます。

ここで大切なことは、いのちや魂の意味や自己存在の意義を自ら獲得し、納得のいく生を実現することです。かつては宗教がそのようなケアを担っていました。しかしながら、現在、多くの既存の宗教は権威を失い、宗教から離れた現代の人びとは、心のよりどころを失っています。さらに、社会システムや教育環境、家族のあり方における急速な変化は、人びとが自己を成熟させていくゆとりを失い、スピリチュアルな苦悩を増大させる要因にもなっています。そのため、スピリチュアルな苦悩は、人生の終末期の患者だけでなく、よりよく生きるための葛藤を抱えた病にあるすべての人びとにおいても、病態の背景因子として、症状の発現や変化に大きな影響を与えていると考えられます。

また、よりよい人生を送るために生じるスピリチュアルな苦悩は、未病および疾患予備軍の人も同様に持っているといえるのではないでしょうか。健康に働いていても人生の目的を喪失した状況においては、人びとは、ただ働き続けることへの虚しさを感じることでしょう。実際、目まぐるしく変化していく社会の中で、焦燥感や孤独感に耐えながら生きていくことに疲れ果てている人たちは少なくありません。そのため、生き方や人生の意味についてより真摯に考えざるを得なくなってきています。スピリチュアリティやスピリチュアルケアへの関心の背後には、このような社会的環境があり、それは死を目前にしたり、病を持つ人びとだけでなく、未病者および疾病予備軍の人びとにとっても同じことだと思われます。

だとすれば、これまで身体面を扱うことで人びとのニーズを満たしてきた医療は、そのような背景やニーズを受容・理解し、患者のスピリチュアルなケアや成長をも含めた医療への転換が求められているのではないでしょうか。

（5）チャプレン＝学校や病院など教会以外の施設とそのチャペルで働く、キリスト教聖職者のこと。

第3章　生と死

これからの医療に求められる生命観や死生観

現代医療は、人間を少しでも長く生存させるための技術や学問として発展してきました。人間の存在は肉体の上に成り立っている以上、死はすべての終わりであり、それは医療の敗北を意味します。そのため、死を論議することは避けられてきました。

しかし近年、ターミナルケアだけでなく、脳死や安楽死・尊厳死といった死のあり方について議論され、生命観や死生観を明確にする必要に迫られています。人間は必ず死を迎えます。死は敗北ではなく、自然の流れにすぎません。アメリカでは１９９１年のギャラップ調査で人口の約５％が臨死体験をしたことがあると報告しています。

また、死後の世界の調査で、日本人では31・６％の人が、ヨーロッパの国々でも約40％前後の人びとが死後の世界をあると考えているという結果が出ています。人間が身体（肉体）・心・魂から成る存在であれば、死はすべての終わりを意味するのではなく、肉体は消滅したとしても魂は存在することになります。

実際、チベット仏教や古代エジプトでは、それぞれの『死者の書』の中で、死後の世界が詳細に記載されています。現代医学は心身医学やホリスティック医学によって心身一如の医療へと深まりました。さらに、いのちの根源や生を追求していくと、魂の存在に気づかされます。魂の存在の上では生も死もない、まさに生死一如であり、その視点こそこれからの医療に求められているものです。

あるとき、私が治療していた患者のAさんが自身の臨死体験について語ってくださいました。Aさんは心臓発作を起こし、病院の救急センターに運ばれました。とてつもない胸の苦しさを覚え、救急室で意識が遠のくのを感じたそうです。そして、Aさんは次のような体験をしたといいます。

ふと気がつくと、自分の身体から抜け出て、天井の方から自分を見下ろしていた。やがて、部屋から出てトンネルを通り抜け、向こうに大きな光を感じ、その方向に進んでいった。その光に包まれていると、今まで体験したことのない平安と温かさを感じ、えも言われぬ幸福感を感じた。

そのとき、ふと家族のことが思い出された。まず妻の顔が浮かび、今までの苦労をねぎらい、自分の死後、経済的に困らないようにしているから心配するなと伝えた。次に、長男、長女の顔が浮かび、一人前になってうれしい、しっかり生きてほしい、お母さんを大切にと伝えた。そして最後に末っ子の息子の顔が浮かんだとき、「お前はまだ学生。お父さんは何も思い残すことはないと思っていたけど、仕事で忙しくしていてお前と過ごす時間は他の家族より少なかった。お前のことだけが気がかりなことに今、気づいた。まだ死ぬわけにはいかない」と思った瞬間、身体に意識が戻り、強烈な痛みを感じた。

その間、Aさんの心臓は鼓動を止め、心肺蘇生が行われていました。その体験後、Aさんは、死がまったく恐ろしいものとは思わなくなったそうです。あの暖かな光、絶対的な平安の中に戻るだけだと分かったからです。そして、商売一筋に生きてきたAさんは、お金や物ではこの世は計れない、せっかくいただいた人生を少しでも人の役に立てたいとボランティア活動や地域の世話役をされるようになり、人生が180度変わったとおっしゃいました。

臨死体験が生き方を変える

何千人という患者さんの臨終に付き添い、死のプロセスと人生の変容について研究したアメリカのエリザベス・キューブラー・ロス（1926〜2004）医師は、自身の経験を通して「死はより高い意識への移行であり、肉体を脱ぐだけにすぎない」と述べています。

また、オランダの心臓学者のピム・ヴァン・ロメール医師は、臨死体験の大規模な研究結果を、2001年発行の医学雑誌「ランセット」に発表しています。それによると、心臓疾患でショックに陥った状態から蘇生された患者の18％の人に臨死体験があり、臨死体験経験者の30％の人はトンネルを通り抜け、天国の光景を見たり、身内の人に出会ったり、25％の人は意識が身体から離れた状態を経験し、13％の人は過去の生を振り返ることを経験していたのです。

さらに、女性の瀕死感覚は男性より強く、視力障害者が瀕死状態で見たものは視力健常者と変わらないというのです。瀕死の患者が本来見えないはずのものを見たのは、ちょうど中枢神経の機能が停止したときで、脳の働きによってそのような体験をしているとは考えられません。

彗星研究家の木内鶴彦氏は、自身の臨死体験について著書の中で詳細に書かれていますが、臨死体験をしていた瞬間、心臓が停止していたことを述べています。これらから分かることは、臨死体験は、脳が活動を停止している状態に起こっているということです。

つまり意識は、脳との働きとは別に活動をしていると考えられるのです。では、臨死体験が脳の働きによるものでないなら、意識は何に根ざしているのでしょうか？　アメリカの神経心理学者ポール・ペアソル氏は、心臓移植を受けた140例の患者について調査を行い、心臓に魂の記憶が宿るという驚くべき研究結果を発表しています。心臓は人間の性格や特徴が存在しているところで、心臓が人間の脳を制御し、感情、恐怖、夢、思想などを管理していると考えられるというのです。さらに「魂」の記憶は、心臓の移植とともに他の人に移り変わることができることも指摘しています。このことは実際に心臓移植を受けた患者としての体験をまとめた本、『記憶する心臓』（角川書店）に実体験が詳細に描かれています。つまり、意識としての魂の首座は脳でなく心臓であり、心臓が停止したとき、魂は肉体から分離して活動すると考えられるのです。

また、臨死体験を経験した人たちの、その後の人生観に大きな変化が起こることも研究されています。アメリカコネチカット大学のケネス・リング（Kenneth Ring）博士の調査によると、臨死体験者たちは共通して以下のような変化を示すのです。

(1) 平凡な経験を含め、生命のすべてを大切にする。
(2) 物質生活の豊かさを求めなくなり、それらすべてが幻の存在だと認識する。
(3) 競争の心がなくなり、思いやりが最も大切なことだと思うようになる。
(4) 絶えず自分の霊性が向上するよう努力する。
(5) 死んだ後も、生命が続くことを信じる。
(6) 宇宙の中に超自然の力が存在していることを信じる。

私にお話ししてくださった患者さんも、この六つすべてに当てはまっていました。キューブラー・ロス医師が語っているように、魂の存在を見すえた、死後の世界の研究もまた、私たちの医療や意識を大きく発展させる原動力になるに違いありません。

Part
2

私のスピリチュアルジャーニー

第1章　私のスピリチュアルジャーニー１

大人になるまで

この章では、まずこれまでの私自身の体験、スピリチュアルジャーニーについてお伝えしたいと思います。小さい頃から、私は歌を歌うことが大好きな元気な子どもでした。好きな歌であれば一度聴けば口ずさめるほどで、最初に覚えた歌謡曲は、美空ひばりの「真っ赤な太陽」だったと今でも覚えています（歳がばれてしまいますね）。

一方で、スピリチュアルなことや見えない世界にも興味を持っていました。私の家族はスピリチュアルな面に関してとくに興味があるわけでなく、盆と彼岸には墓参りに行き、命日にお経を上げるといったごく普通の家庭でした。ただ、私は子どもの頃から、私たちの本質は魂であることや、私たちは転生《てんしょう》という魂の大いなる旅の中の、今ここにいるのだ、という感覚を持っていたように思います。

毎日元気に友達と遊んでいた私でしたが、11歳になって近くに住む祖母が末期のがんで近くの病院に入院したとき、初めて生と死を間近に意識しました。見つかったときはもう手遅れで、祖母に残された時間はわずかでした。私にとって死は肉体の終わりであって、死後、永遠の魂は肉体から離れ別の次元へ行くと直感していて、この世界も別の次元も関係なく普遍的に存在しているものは、神さまといわれるようなものなのだろうと感じていました。しかし、神さまとは人間的なものを超越した何かという漠然とした感覚で、それが何なのかは見当もつきませんでした。今でもはっきり覚えているのは、藤棚に美しい藤の花が咲き乱れていたある日の午後、のちの私の人生に大きな影響を与えた次のような体験です。

小学校の校庭で遊んでいた私の周りに、一瞬の静寂が訪れました。雲ひとつない晴れた空から「神とは宇宙の真理」というメッセージが降りてきたような感覚がしました。その言葉はなぜか私の魂に強く響きました。そのときは妙にその言葉に納得し、それ以上問いかけることはしませんでしたが、今から思うと「では宇宙の真理とは何ですか?」と聞いておけば、苦労しなくてすんだのに……と思います。

中学、高校と勉強したり友人と遊んだり、ある時期には宝塚歌劇に魅せられたりしながらも、スピリチュアルなこと、超常現象などへの興味は持ち続けていました。けれど、私の家族や周囲はまったくそのことに興味がなく、そういう話をすると、まず現実的なことを考えるようにいわれたものでした。

たしかに大人の言うように、まず一人前の大人になって自立することが大切と考えた私は、スピリチュアルなことへの興味は自分の心の中にしまって、一生懸命に勉強して、大学の医学部に進学しました。それから、スピリチュアルなことへの興味よりも、よくある大学生活を楽しんでいたときに、父ががんを発病したのです。

父のがんが発見されたことが、またしても私に生と死、スピリチュアルな世界へと目を向けさせることになりました。父は、Part1で述べたように二度の手術のかいもなく旅立っていきました。私は、父の死をきっかけにスピリチュアルな本を読みあさり、当時、丹波哲郎という俳優さんが主宰する「来世研究会」に入会したのもこの頃でした。

医学部では身体の仕組みやいのちを生かすことは勉強できても、魂のことは教えられませんでした。私の周囲でもスピリチュアルなことへ興味のある人はほとんどおらず、自分の興味のあることを言って変な目で見られることを恐れた私は、極力そういうことを口にしないように心がけました。それでもどこか自分の大切にしているものを隠しているようで、心の負担に感じていました。

眼科を選んだ理由と魂が望んでいたこと

無事、医師になることができ、私は眼科医の道を選びました。眼科を選んだ理由は、魂が人間の本質であると感じていた私にとって、従来の機械的な医学のあり方には満足できないものがあったからです。下手をすればいのちの危険にさらされるような、生命力を考慮しない治療を自らが行うことには抵抗があり、なるたけ自分の感覚に抵抗の少ないところ、そして生きていく上でのＱＯＬを高める分野という点にも惹かれて眼科を選んだのです。

とはいえ、スピリチュアルなことについてはまだ心の奥にしまったままでした。医師になってしばらくした頃に、自己啓発のワークショップなどに参加した時期もありましたが、医師として一人前になることが優先され、気がつけば仕事以外の本を読むことすらない仕事漬けの状態が続いていました。

もちろん、医師として勉強し研鑽《けんさん》し続けることが患者さんのためになると信じていました。ですから貪欲に仕事に励んでいたのですが、仕事をすればするほど、なぜか心の中に虚しさが湧いてくるのです。その空虚感を吹き飛ばそうとさらに一生懸命働いているうち、今度は本当に身体の具合が悪くなってしまいました。

血液検査で異常が見つかり、仕事をいつまで続けられるのか不安を抱えながら、誰にも相談できない状況で仕事をし続けていました。医師である私には自分の健康状態とこの先の成り行きは手に取るように分かりました。そして、この状況が続けば、取り返しのつかない病気で、自分の人生は本当にしたいこと、なすべきことをしないまま終わってしまう。そう気づいたとき、私は今までの生き方を改めなければならないことを思い知らされたのです。

私はそれまで、一人前の大人や一人前の医師になることを目標にしてきました。そのために、自分の本当に心を惹かれるものは脇に置き、周りからどう思われるかを気にして、自分が本当に興味のあるスピリチュアルなことも言葉にできずにいました。それらの行為は、この世界で生きていく上で、ある時点では必要で、ある意味で役に立つことではありましたが、もはや自分を縛るものになってしまったことに気づいたのです。もう一度健康に生きるために必要なことは、「自分の魂の望むことをすること」、「自分の人生の本来の目的を果たすこと」だと分かったのです。今まで本当の自分に気づかず生きてきたことに対して、私の魂は大きな呼び声をあげていました。そして、長年抑えていた私の心の扉を開き、人生の転換を求めたのです。

「行きなさい」という内なる声に促されて

「眼科医としてはもう十分やった。やるべきことはもうない、あと1年で仕事を辞めよう」。そう心に決めた矢先、夫がオーストラリアに留学するという話が出たのです。夫からその話を聞いたとき、「行きなさい」という声がどこからか聞こえました。

医学の世界では、夫に同行して海外に行く女医は、ほとんどの場合、海外の大学医学部で研究をするか、そうでないなら子育てに専念するのが当たり前といった状況でした。しかし、私は「ねばならないといった生き方はもうしない。オーストラリアで自分の魂が歓ぶことをする。人生の目的を探すのだ」と心に決めていました。そして、これが私のスピリチュアルジャーニーの幕開けになったのです。

関西空港からシドニー行きの飛行機に乗ったとき、自分の新しい人生のはじまりを感じ、ワクワクしていました。そして引っ越しも一段落した頃、シドニーにあるNature care collegeという補完代替医療の学校で、自然療法やホメオパシー、マッサージ、カウンセリングなどが教えられていることを知りました。そこにEnergy healing学科があるのを知ったとき「これだ！」と感じ、すぐさま入学を決めました。

2年間の学生生活では、学校以外にもレイキ、瞑想、ヨガ、気功を習い、クライアントとしてさまざまな代替医療を体験し、夢分析にもクライアントとして3年間通いました。ヒーリング学科を迷いなく選んだのは、日本で体調を崩したときに、バーバラ・アン・ブレナンの『光の手』（河出書房新社）を読み、私のしたいことはこんなことかもしれないと強く感じたからでした。

そんなことが学べる学校がシドニーにあるとは想像もしていませんでしたが、なぜか必然の出合いであったように感じました。オーストラリアに行ってからは、シンクロニシティー（共時性＝意味のある偶然の一致）がよく起こるようになり、すべては必然であることが信じられるようになりました。

魂の声に従い体験していく中で、人間の深い心理と霊的な真理、それと人体のエネルギーシステムとの関連に強く惹かれ、チベット仏教のコースや瞑想会などにも参加しました。インドのダラムサラにあるチベット医学大学で外国人向けのチベット医学コースに参加するため、一人でインドに行ったこともありました。

忘れられないのは、チベット医学コースの修了式での、ダライ・ラマ法王の主治医の講演でした。講演の内容は癒しについてのシンプルな内容でしたが、その先生の魂から出てくる一言一言が、そこにいたすべての人の魂に触れ、皆、涙して聞き入っていました。本当に仏をそこに見た、生きた仏がそこにいて語りかけてくれているかのように感じ、その存在を感じて話を聞くだけで、深く癒されることを初めて体験しました。

また、夢の世界との出合いもこの時期に始まりました。私たちには、感情、思考、意志、感覚といった意識以外に、無意識の世界が広がっています。無意識は、智恵に満ちた面、父性的、母性的、無邪気な子どもなどのいろいろな側面を持っており、私たちを守り、愛し、励まし、未来への準備としてのメッセージを夢として送っています。

ここで、私がチベット医学の研修のためにインドに行く前に見た夢のお話をしましょう。夢の中で、私が道を歩いていると、突然、蛇が飛びかかってきて噛みつきました。それは毒蛇ではなかったので、私は恐怖や不安感はなかったものの、突然の出来事に非常に驚いていました。当時受けていたユング夢分析のカウンセラーは、スピリチュアリティを象徴する蛇が私に飛びかかってくることは、「インドで私が精神的に大きな変容を経験するのではないか」と解釈しました。そして、ダラムサラでチベット医学の研修を受けたあと、知り合いになったチベット仏教のお坊さんに同行してもらい、聖地ツォペマに行くことになりました。

彼は山の上にある、チベット仏教の開祖パドマサンバヴァが修行をしたという洞窟に私を連れて行きました。その薄暗がりの洞窟の中で一緒に読経《どきょう》し、瞑想していたときです。静寂の中、突然「はっ！」とお坊さんがカツをいれました。予想もしない展開に頭も心も真っ白で、何を感じたのかと聞かれても答えようがありませんでした。彼は私に、感情も思考も起こる前、意識すら存在しない、素直な境地を忘れないようにと教えてくれました。それは確かに精神的に大きな意味を持つ出来事でした。

海外生活で体験したことが人生の大きな財産に

オーストラリアに3年、その後ニュージーランドで1年半近く暮らし、いよいよ日本に帰ることになりました。海外生活の間にライフスタイルそのものを見直し、食事、運動に気を配り、魂の洗濯をしたことで、私はすっかり元気を取り戻していました。

そして何よりも、自分の心を広げて、魂の望む方向に生きることが健康を与えてくれると実感していました。魂の声を聴くことに癒しのプロセスがあることを確信し、治療者は患者さんがそのプロセスを歩む中のガイドやヘルパーであると思えるようになりました。そして、病は自分の魂の望む方向と、実際の自分の思いや行動にギャップがあることを教えてくれる、ありがたいメッセージであることにも気づきました。

とくに移民の国であるオーストラリアやニュージーランドでは、さまざまな人種、文化背景を持った人びとが暮らしています。私たちが初めて住んだマンションにも、イタリア人、イギリス人、中国人、ヨルダン人、インド人などいろいろな文化背景を持った人がいました。どんな文化背景を持っていてどんな習慣があろうとも、その人らしく生きている姿と、それを認める社会を内側から見て、「何でもありなんだ、自分らしくていいんだ」と思えるようになりました。そして、文化、習慣、考え方の違いはあっても、会話すれば互いに理解し、尊重が生まれる社会や海外生活を通して、「私らしくあっていい」ということがどういうことなのかを身をもって体験でき、それは私の人生の大きな財産となりました。

自分の病と海外生活をきっかけに、私は自分の魂の望む方向へ歩みはじめました。とはいうものの、自分の人生の〝本当の目的〟はまだ見つかってはいませんでした。オーストラリアに行ってから繰り返し現われる夢が、私の人生の方向を示唆していたのですが、当時の私には、まだ理解できてはいなかったのです。

帰国後1～2カ月して、ホリスティック医学関係のある講演会に参加したとき、ある心療内科の先生と出会い、海外での経験をお話しすると、心身医学の研修会に参加してみることを勧めていただきました。

この頃にはすでに思考でなく、直感が魂からの声であることを自覚するようになっていた私は、直感的に必要を感じて心身医学の勉強を始めました。その頃は、眼科の非常勤の仕事をしながら、時間を見つけては国内外でのセミナーを受けにいったり、パワースポットやヒーリングセンターを訪ねたりしながら、日本での次へのステップを模索している時期でもありました。

40歳を過ぎて心療内科にキャリアチェンジ

海外に行く前から、私は診療中、眼の問題であっても実は心の問題がその要因であると感じることがよくありました。そのような場合は、患者さんの気持ちを聞いたり、相談に乗ったりと、自然と心身医学的な視点から眼科を実践していました。

帰国後、もっと患者さんの内面に寄り添いたい、スピリチュアルな苦悩を乗り越えていくお手伝いがしたいという思いがつのり、一般的な眼科診療をしていくことへの興味を失ってしまいました。そして心身医学には従来の医療とは違う、身体と心の関係性や人間の心の琴線に触れるもっと深いものがあることを感じ、心療内科で本格的に学びたいと思うようになりました。けれども、医師として専門を変えるにあたって、卒業して間もない若い先生たちと一緒に大学病院で一からやり直す不安、確立したキャリアと収入を捨てることへの不安、40歳を越えてまた病気になったらどうしようという不安がのしかかってきました。

しかしある日、またあの声がしたのです。「やりなさい。今しかない」。私はまたもその声に促されるように眼科をすっぱり辞め、心療内科での正式な研修を始めたのです。

心療内科では、身体、心、思考、社会的な状況、人間関係、人生の流れといった視点からひとをまるごと見る（診る）ことを学びました。時には、患者さんの問題であるように見えることが、実は自分の内面の問題であることに気づかされ、自分の内面の影と対峙することもありました。

治療の山場では、患者さんと私の心と魂とがぶつかり合う体験もしばしばでした。心療内科では医師と患者という治療関係だけでなく、ひととひとのまるごとの関係が治療そのものになってくることが多いのです。

患者さんとのやり取りで自分の心がつぶれるような思いをしたり、患者さんの喜びが自分の喜びのようにうれしく感じられたり、さまざまな体験を通して、私は患者さんから多くのことを学ばせていただきました。その中で私が最も強く感じたことは、「愛こそがひとを癒す」ということでした。

ホリスティック医療での基本である、全人的にひとを診るということは、簡単なことではありません。私の心療内科の恩師は、よく曹洞宗の道元禅師の言葉を引用されて、「治療者が身心脱落して患者さんの話を傾聴したとき、初めて患者さんの全体が分かるんだよ」と私たちに教えてくださいました。その言葉を噛みしめながら、私は今も診療をしています。

そして、よりよい癒し（optimal healing）を求めて、ホメオパシーも実践するようになりました。医療を通して、そして世界のヒーリングスポットを訪ね、ワークショップを受けることで、自分自身を知る旅を続けました。海外の生活はまた、一人の人間としての私を見つめ、日本人としてのアイデンティティが何かということに直面する機会を与えてくれました。

今振り返ると、私が11歳のときに感じた「神とはこの世の真理」というメッセージへの答えを探す旅を、私はしてきたのではないかと思います。まずこの世界を知り、適応すること。そしてこの世界で社会的に一人立ちできるようにと努力してきたことは、本当の自分を知るための準備でした。抑えきれない魂の声を聴き、本当の自分の声に目覚め、この世の真理を探す旅のはじまりが、私の第二の人生であったのです。

とりわけ、私にとってスピリチュアルな気づきを促してくれたのは、世界各地に存在するヒーリングスポットでした。

第2章　世界のヒーリングスポットを訪ねて

人生に変容をもたらすヒーリングスポット

オーストラリアに渡った頃から、世界のヒーリングスポットを旅することが私自身の癒しと人生の一部となりました。なぜなら、ヒーリングスポットに行くことで自分自身の内面の何かが開いていくのを感じられるからです。

太古の昔から、人びとは巡礼の旅に出ました。巡礼とは自分を超越した大いなるものに触れ、自分を深く知るための旅です。場のエネルギーや旅の一つひとつのプロセスが、ひとを変容させていくのです。エアーズロック、グレートバリアリーフ、セドナ、マウントシャスタ、ハワイ島、ギリシャ、トルコ、南フランス、ストーンヘンジ、グラストンベリーなどのヒーリングスポット、またフィンドホーン、ホリーホックといったスピリチュアルヘルスに関連するヒーリングセンター、日本では、京都、久高島、沖縄、伊勢、出雲、熊野、奈良、戸隠、高千穂など、それぞれの場所を訪れるたび、私の人生は大きく変化してきました。

このようなヒーリングスポットは、場のエネルギーが高いのが特徴です。高い場のエネルギーは身体・心・魂を癒し、インスピレーションを強めてくれます。エネルギースポット、パワースポットといわれる場所は、その中でも自然の地形自体のエネルギーが高く、ただそこにいるだけで、私たちのエネルギーが高まり、癒されるのが感じられます。

一方で、場のエネルギーはひとの努力と愛情をかけることによっても高められます。スコットランドにあるフィンドホーンやカナダのホリーホック（後述）などはその象徴的な場所で、魂の扉が開かれた人びとが、愛情を込めて自然との共生を図ってきました。その結果、場のエネルギーが高められた場所で、世界的な癒しとスピリチュアルな学びのセンターとして多くのセミナーやワークショップが開かれています。

また、古代の遺跡やパワースポットと呼ばれるところは、レイラインと呼ばれる、地球の強いエネルギーが流れているところや陰と陽の二つのエネルギーの流れが交差するところ、また地球のエネルギーの湧き出ているところにあり、明らかに他の場所とは違うエネルギーを感じさせてくれます。

ここで、私が実際に旅したヒーリングスポットのいくつかをご紹介しましょう。

【エアーズロック（Uluru）＝アボリジニの聖地】

エアーズロックは、オーストラリア中央部に位置するアボリジニの聖地で、「地球のへそ」といわれる世界自然遺産です。高さ３４８m全周９・４㎞の巨大な岩は、アボリジニの人びとからウルルと呼ばれてきました。ウルルという言葉は「偉大な石」を意味し、ウルルのふもとには多くの洞窟や壁画が残されています。

アボリジニの神話の天地創造では、創造主の一つである大きな蛇が、宇宙からウルルの大岩に降りてきて最初の人類を生み、いのちのエネルギーを吹き込んだといわれています。そして今も大岩に住んでいる大蛇は、宇宙の創造力の源になっていると伝えられています。ウルル自体が、創造のパワー、いのちの聖地といわれてきたのは、蛇が聖なる地球のエネルギーと宇宙の生命エネルギー、一枚岩が子宮、岩の側面の洞窟や大きなくぼみが女性性器をシンボルしているからです。

真っ赤な大地、真っ青な空。地平線の見える砂漠の大地にそそり立つ一枚岩に朝日が降り注ぎ、太陽は岩

エアーズロックの全景

エアーズロックの斜面

をさまざまな色に染めていきます。夕日を浴びて赤く燃えるような岩肌が漆黒の闇に消え、空には満天の星が輝きはじめる。その光景は何万年、何億年も前から毎日繰り返されてきました。

その赤い大地を踏みしめ、砂漠の真ん中に立ったとき、悠久の流れの中で絶えることのない、いのちの流れと自分は生きている、いのちがある、生かされているという思いが湧き上がり、今ここにかけがえのないものとして自分は存在していると実感しました。

ここはスピリチュアルな孤独を癒し、母なる地球と再びつながり、いのちの根源に触れる聖地です。

私は子どもの頃からなぜか人間としての寂しさ、孤独を感じていました。大いなる母と切り離されてしまったような感覚がありました。お母さんはいるのになぜか人間としての寂しさ、孤独を感じる感覚……。

これは、私たち人類が大いなる母と切り離されてしまったスピリチュアルな孤独です。エアーズロックの岩肌に触れ、大地を踏みしめたとき、地球上の生命を育んできた母は、この地球、大地なのだと分かりました。

母なる地球と再びつながり、いのちの根源に触れたとき、地球人としての孤独感が消えました。そして、私たちはこの地球という母に宿り、母なる大地によって育まれた存在であることに気づかされました。

【マウントシャスタ＝ネイティブアメリカンの聖山】

アメリカのカリフォルニア州にあるシャスタ山は、サンフランシスコから車で5時間のところにある、ネイティブアメリカンの聖山です。標高4322mの高い尖った山頂を持つシャスタ山と、3758mのやや低い平らな山頂を持つシャスティーナ山の二つが重なり合うようにそびえ、それらを総称してシャスタ山と呼ばれています。

シャスティーナ山は女性性を、シャスタ山は男性性を示していることから、ここは女性性と男性性のエネルギーの統合、陰陽のエネルギーの統合が起こる場所ともいわれています。また、訪れる人に癒しと人生の奇跡を起こすともいわれています。

マウントシャスタの名前は、アメリカ先住民のシャスタ族に由来しています。アメリカ先住民たちには、シャスタ山は大いなるスピリットによって創造され、宇宙のバランスを司るスピリットがマウントシャスタの内部に宿っているという伝説があります。

ここでは、先住民の青年が、ヴィジョンクエスト[8]と呼ばれる成人になる儀式を行ったともいわれています。シャスタには多くのパワースポットが点在し、先住民の伝説以外にも今なお不思議な話が数多くあります。

天と地とをつなぐようにそびえる山からは、ひとを寄せつけない厳しさでなく、すべてを包み込むような優しさが感じられます。マウントシャスタにただずみ、静かな時間の中に心と身体をゆだねると、天と地、男性性と女性性、陰陽、人間性とスピリチュアリティなどの二つの異なる特質を持ったエネルギーが統合され、自分の中の相反する二つの気持ちから生じる葛藤やつらさは変容

マウントシャスタ

し、とても深い平安を心の奥で感じました。

ハートが澄み渡り、やがて温かいもので満たされたとき、自分のハートに見たものは光でした。その光は魂で、光を輝かせることが魂の癒しであり、そのために私たちは生きているのだと直感しました。魂は私たち自身の中にあり、気づかれるのを待っているのです。その光を輝かせることがスピリチュアルに生きることなのです。私たち一人ひとりの光はそれぞれにユニークでかけがえのないもの。比較することも得点をつけることもできないのです。それぞれの光を輝かせるために、私たちは生きています。

(6) ヴィジョンクエスト＝ネイティブアメリカンに伝わる、人生の目的や指針に気づくための儀式。成人になるための通過儀礼として、また、人生の岐路に立たされているときなどに行われるもので、一人でひとのいない山中にこもって断食し自然の声に心を傾けることで、内なるメッセージを受けとる。

【ハワイ島＝女神ペレのスピリットが宿る島】

ハワイ島はハワイ諸島最大の島で、大きさは四国の約半分程度。ハワイ火山国立公園は世界自然遺産に登録されています。マウナ・ケア（４２０５ｍ）、マウナ・ロア（４１６９ｍ）、キラウエア（１２４８ｍ）、フアラライ（２５２１ｍ）、コハラ山脈と五つの山々で構成され、キラウエアは今も火山活動が続いています。

ハワイ島の活火山であるキラウエア火山には、火の女神ペレのスピリットが宿っているといわれています。火山から流れ出るマグマは大地を焼き払い、海へと流れ、冷えて新しい大地をつくり出します。

ハワイ島は母なる地球が大地をつくり、生命を育み、古くなったものを一掃し、また大地をつくっていく、その自然の生と死と再生のエネルギーを体感できる場所なのです。女神ペレはその創造と再生のパワーを象徴しています。

ハワイ島

海を泳ぐ野生のイルカたち

また、ハワイ島には溶岩でできた洞窟「ラバチューブ」があります。溶岩が冷え、ガスの抜け穴が洞窟化したもので、全長は数キロにも及び、その全容はまだ分かっていません。ラバチューブの中は光のまったくない暗闇で、まるで地球の子宮そのものです。

溶岩洞窟ではオーラやチャクラの光が見える、不思議な音が聞こえるといった逸話があります。私が真っ暗な洞窟の真ん中で静かに瞑想していると、地球の音が聞こえてきました。ゴーンといった感じのやや低い音。その音に耳を澄ましていると、やがて天空の星たちがそれぞれの音を奏でているのが聞こえるようです。

そのうちに、宇宙全体がまるでオーケストラのようにシンフォニーを奏でているように感じられました。それらの音の一つひとつが、色とりどりのクリスタルのようにきらめき、私の意識は宇宙の音の海に漂いはじめました。ここでは、私たちの意識を地球から宇宙へと広げるゲートのようです。聖なる地球の子宮は、宇宙へとつながるチャネルとなっているように感じられました。

【沖縄・斎場御嶽《せいふぁーうたき》と久高島＝神のエネルギーに満ちた聖地】

沖縄本島にある斎場御嶽は、琉球の始祖アマミキヨが定めた聖地の一つといわれ、琉球王国最高の御嶽です。最高神女「聞得大君《きこえのおおきみ》」の就任式である「御神下り」が行われ、国家的な祭事も行われたそうです。

海を望む高台にある御嶽内に入ると、エネルギーが一変するのが分かります。御門口《うじょーぐち》から続く石の参道を歩くにつれ、周囲のエネルギーのバイブレーションが精妙に軽くなっていくのです。参道には、大庫理《うふぐーい》（最初の拝所）、次に寄満《ゆいんち》（大庫理の反対にある拝所）があり、そして有名な三角の空間のある大きな岩のある場所、三庫理《さんぐーい》へと続いています。

私が初めてここを訪れたとき、三庫理へ続く参道の途中から、何かが心の奥から込み上げてきて涙が流れ

斎場御嶽

カベール岬

てきました。進むにつれ周囲のエネルギーはより高くなり、涙はますます流れてきます。三庫理の拝所に跪《ひざまず》いてお参りしたとき、斎場御嶽へのお参りは初めてにもかかわらず「私はずっと以前からここを知っている」という思いで一杯になり、胸が張り裂けそうに感じました。琉球王国の古い時代に私はここで祈りを捧げたのかもしれません。

そして、三角の空間を通り、久高島を望んだとき、この風景を見たことがあるのを思い出しました。周囲の岩を手でそっと触れると、言葉にできない思いが次から次へとあふれ出てタイムスリップしたかのようです。また一つ、私の魂の故郷が増えたように感じました。

久高島は、安座真《あざま》港からフェリーで20～30分程度、島内はレンタルサイクルで十分見てまわれます。アマミキヨが初めて琉球に降り立った場所であることから神の島と呼ばれ、島全体が聖地とされています。

第二次世界大戦のときには、アメリカ軍ですら神の島として敬意を払い、無血上陸しました。島の土地は神様のものであり、現在も土地の個人所有はないそうです。この島のフボー御嶽は聖地として崇められ、現在でも島の神女しか中には入れません。フボー御嶽への入り口の看板があるところでお参りさせていただきましたが、入り口といえども、内部からご神気が流れてくるのを強く感じました。

アマミキヨが降り立った場所といわれるカベール岬は、神女たちによる神事が行われる場所の一つです。島の北東端にある岬は、優しいエネルギーで満ちあふれています。ここには、今も神様がいらして、私たちを子どもとして無条件に受け入れているように感じました。世界最古の神託地といわれているギリシャのドドニで感じたのと似た感覚を覚える場所です。沖縄は、大いなる神のエネルギーに満ちあふれた聖地のようです。琉球、つまり、龍の珠といういのちのエネルギーを宿した場所が、この日本にあることを本当にありがたいと思いました。

【フィンドホーン＝自然と人が共存する生活共同体】

フィンドホーン（Findhorn）は、スコットランド北東部に位置した、自然とひととの共生やひととひとのつながり、ホリスティック教育、自然環境に焦点を置いたコミュニティーです。フィンドホーンは、アイリーン・キャディ、ピーター・キャディ、ドロシー・マクレーンの3人が海岸近くのキャラバンパークに住みついたことから始まります。

自然との調和と愛をもって生活することを実践した結果、作物など到底育たない荒れ果てた砂と石だらけの土地が改良され、人の頭ほどあるようなかぼちゃや巨大なキャベツが採れるようになったことで人びとの注目を集めました。

エコ・ビレッジとしても知られ、国連と連携しているNGO団体でもあります。スピリチュアルな生活をもとに日常を意識的に生き、自然の中に身を置くことで生じる気づきや精神性・聖なるものについての理解を深める場所で、さまざまなワークショップや教育プログラムが行われています。

フィンドホーン

【ホリーホック＝well-beingを高めるセンター】

ホリーホック（Hollyhock）は、カナダ西海岸のバンクーバー川のコルテス島にある、ひとと自然との共存に注意を払われた、人間の意識やwell-being（健康で幸福な状態）を高めるためのリトリートセンターです。

もともとネイティブカナディアンの人びとの聖地であった場所に建てられ、芸術、文化、ホリスティックな健康、オーガニックな生活スタイル、霊性を高めるなどのさまざまなワークショップが年間を通して行われています。

このようにヒーリングスポットには、心の奥に秘められた何かを呼び覚ます力があります。自分自身の魂の探求、つまり、自分がどこから来てどこに行こうとしているのか、自分が誰であるのか、それを感じさせてくれる場所がヒーリングスポットなのです。頭を空っぽにして、ヒーリングスポットに実際に身を置くことが、地球とつながり、宇宙とつながり、そして自分の魂とつながるきっかけになります。

ホリーホック

Part 3

スピリチュアルヘルスの時代へ

第1章　医療の現場で見えてきたもの

真の健康は全体としてのウェルネス

この章では、これまでの医療の限界とこれからの医療の可能性について述べてみたいと思います。まず、これまでの現代医学の進歩によって、私たちが多大な恩恵を受けてきたことは間違いなく、それに異論を唱える人はいないでしょう。

薬物や医療技術の発展によって、天然痘や結核などの感染症による死亡や、乳児や出産時の死亡は驚くほど減少しました。急性期医療、感染症対策を含めた公衆衛生、周産期医療、延命治療などの発展の結果、日本では80歳を超える平均寿命になりました。

しかしその一方で、成人型糖尿病、高血圧といった成人病やがん、免疫疾患、心臓病、脳血管障害などの慢性疾患やうつ病をはじめとする精神疾患は増え、それらのほとんどは、たとえ症状をコントロールできたとしても、病を根本から治してしまう治療法は見つかっていません。最近では、遺伝子の異常に原因を求めていますが、なぜその遺伝子が発現して病になるのかもまだ分かっていないのです。

腎臓がんで腎臓の摘出手術をしてがん細胞を取り除くことができても、手術以後、血液検査では問題がないのに慢性の疲労感が取れないことがあるのはなぜでしょうか？　同じがんのステージであったのに、がんの転移の起こる人と起こらない人とでは何が違うのでしょう？

膀胱炎のために抗生剤を内服して、膀胱炎は治っても、カンジダ性膣炎が誘発され、別の薬を服用しなければならないことがあります。身体は全体のバランスを取って機能しているために、あるところだけにターゲットをしぼった治療を行った結果、一つの症状が取れても、別の症状が出てきたり、そのために別の薬を服用しなければならない場合も珍しくありません。こういった場合、治療や薬の身体全体のバランスへの影響や副作用はどう扱えばいいのでしょうか？

このように、現代医療の主な治療法では、脳を含めた物質としての肉体の変化を見つけ、その変化を取り除いてもとの状態に近づけることはかなりできても、なぜその変化が起きたのか、病の根本的な原因を改善するには至っていません。また、局所の変化を抑えることができても、そのことによる身体全体に対しての配慮はなされていないのです。

さらに、いろいろな不調や疲労があるのに、血液検査やレントゲンやＭＲＩといった画像検査で異常が見つからなければ「どこも悪いところはない」と言われて、途方に暮れることもあります。

現代医学は、検査で異常が出たならば病的と判断し、病的でない状態、つまり検査で異常が出ない状態へ戻す問題解決アプローチを取っています。ですから、見かけ上の問題がなければ治療の適応にならないのです。一方、ホリスティック医療の場合、健康とは病気のない状態だけでなく、身体的、心理的、社会的、スピリチュアル的に良い状態、つまりwell-beingの状態（健康で幸福な状態）になることを目的としています。そのため、より幅広い治療的アプローチを用い、セルフケアも大切な治療方法の一つになってきます。また、患者側にも身体の修理を他者に求める姿勢から、自己責任において健康を創造していく姿勢が必要となります。

このように、現代医療は、診る対象を身体に限定し、人体を機械論的に診るため、根本的な病気の原因に迫ること、全体としてのwellness（心身の快適状態）、死生観、生命力、魂への視点が不足していることが、真の健康をもたらす上での限界となっています。

ストレスが身体に与える影響

近年、心身医学や精神神経免疫学の発展で、ストレスが身体に与える影響が証明されてきました。ストレス研究のパイオニアである生理学者のハンス・セリエ博士は、適度なストレスは健康維持のために有用であるとして、このようなストレスを「ユーストレス」と呼びました。つまり、すべてのストレスが悪玉というわけではなく、適度を越えた過剰なストレスによって機能障害が生じ、それによって一般的にストレスと呼ばれている苦痛（ディストレス）の状態になるのです。

私たちは、さまざまなストレスにさらされて生活を送っており、ストレスのまったくない生活はありえないでしょう。セリエ博士のいうように、適度なストレスが私たちにとってポジティブなものであれば、健康であるために大切なことは、ストレスをどう認識して、どう対処するのかが重要になってきます。ではここで、ストレスがどのように心身に影響を与えるのか見てみたいと思います。

外界からの刺激は、すべてストレッサー（ストレスとなる因子）として心身に影響を与えます。ストレッサーに対する人体の防衛反応の一つは、ＨＰＡ系（Hypothalamus-Pituitary-Adrenal Axix）と呼ばれる、視床下部、下垂体、副腎のシステムです。このシステムを使って、私たちは、まず外界の刺激に対して「闘争するか、または逃走するのか」の反応に身体が入れるように準備をします。

たとえば、向こうにマンモスが見えたら、倒して食料にするのか、それとも殺されないように逃げるのかを瞬時に判断して行動に移す必要が出てきます。どちらの行動をとるにしても、まず視床下部から分泌されるホルモンが下垂体を刺激し、刺激された下垂体から分泌されるホルモンが副腎を刺激し、その結果、副腎からコルチゾールやアドレナリンといったストレスホルモンが分泌されます。

そして、身体の臓器や器官に作用して、危機から身を守って闘うか、逃げるかの行動をとれるように準備するのです。そのとき、すべての身体機能は、危険に対抗する機能を優先させ、他のことにかけるエネルギーは節約されます。その結果、内臓に送られる血液は減少し、細胞の成長や増殖反応は阻害されます。

また、もう一つの身体の防御機能である免疫系も、「闘争―逃走」反応に入ると、副腎皮質ホルモンによって抑制されます。すると、エネルギーの消耗は減少しますが、免疫力が低下して感染症にかかりやすくなります。このようにストレス状況が長期間続くと心身の緊張状態が持続し、内臓機能の障害、成長障害、免疫不全など、さまざまな症状が引き起こされてしまうのです。

また、ストレスによって脳の機能も損なわれることが分かってきました。うつ病では脳内のシグナル物質、とくにセロトニンの生産が低下しているために生じると考えられてきました。うつ病の治療薬である選択的セロトニン再取り込み阻害剤（ＳＳＲＩ）は、効果が発現するまでに約2週間かかるといわれています。慢性のうつ病患者では、海馬と前頭葉（論理的思考と高次精神機能、記憶の中枢）の委縮が見られ、ＳＳＲＩを投与して気分の改善する頃と同じくして、海馬で抑制されていた細胞分裂が再開することから、ストレスによる脳内のニューロンの成長・増殖の阻害がうつ病の原因ではないかという説もあります。

自然のリズムとの不調和もストレス

私たちの身体は、自律神経系、免疫系、内分泌系の三つがバランスよく機能して生体の恒常性（ホメオスターシス）を保っています。自律神経には、主に活動や緊張するときに働く交感神経と、主にリラックスしたときに働く副交感神経の二つがあります。通常、日中は交感神経が優位に働き、夜間になると副交感神経が優位に働きます。朝には月が沈んで太陽が昇り、夕方には太陽が沈んで月が昇るように、二つの神経は昼夜のリズムと関係しているのです。

また女性の性周期や、副腎皮質ホルモンの分泌に日内変動があるように、内分泌系にもリズムがあります。排卵、月経を司る女性ホルモンの変化は、本来、月の満ち欠けと同調しており、アフリカのある部族では、満月のときに村の女性のほとんどが月経になっていたという話があるくらいです。

このように、互いにバランスを取り合っている体の重要な三つの機能は、本来、自然のリズムと同調しているのです。ところが、現代の都市型生活や夜間勤務などのように、夜でも日中のように活動し続け、24時間スタンバイの状態になれば、そのことがストレスとなって生体のリズムが障害され、病をつくり出す温床となるのです。

では、ストレスにはどんなものがあるのでしょうか？　大きく分けて、外界から心身へ与えるストレス、つまり外的ストレスと、性格傾向などの個人の要因の影響を受けて起こる内的ストレスの二つがあると考えられます。外的ストレスには、偏った栄養、厳しい気候条件、労働条件などの時間的ストレス、水質汚染・大気汚染・食品汚染・薬害などの化学物質、細菌やウイルスなどの病原体、電磁波、風水などでいわれるような土地のエネルギーによるジオパシックストレス、否定的な想念のエネルギー場などがあげられます。内的ストレスの要因としては、情動、思い込みや偏った信念、性格傾向、内的な葛藤などがあげられます。

ストレス反応は感受性によって変わる

このように、私たちの生活はさまざまなストレスにさらされ、心身の不調がいつ出てもおかしくないくらいです。けれど、同じ環境にいても、病にかかってしまう人とそうでない人がいるのはどうしてでしょうか？　それは、ストレスに対する反応が個人によって異なるからです（図3）。

たとえば地震の救助では、72時間以内の生存は厳しいといわれていますが、なかには1週間たって生存救出される人もいます。これは、人間がストレスにさらされたとき、ストレスをどう認識し、どういった感情が生まれるかで後続して起こる身体の変化がまったく異なってくることを示しています。ヨガ行者が真冬の山中で全裸に近い姿でいても瞑想によって体温を何度も上昇させることができるのは、まったく恐怖心がなく、意識的に身体をコントロールしているからです。

このように、心のありようが身体に影響を与えることは以前から指摘されています。医師が「効果がある」といって処方した薬を患者が効くと信じると、たとえ薬理的に効果がないと思われるものであっても治癒効果が現われることがあります。このような、薬理作用のない乳糖などを投与して見られる効果は、偽薬効果（プラシボ効果）と呼ばれています。そのため、新薬を開発する際には、投与した薬剤が偽薬と比べて明

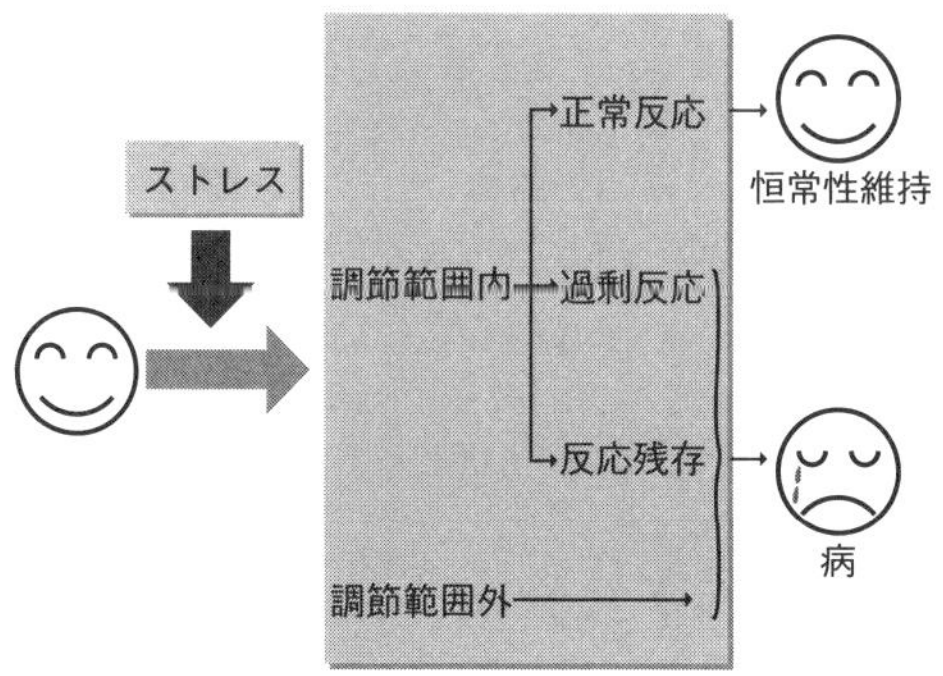

図3　ストレスと病の関係

らかに良好な効果を示すことが必要となるのです。

プラシボ効果は、外科手術でも起こることがあります。２００２年、外科手術のプラシボ効果についてベイラー医科大学で研究が行われました。この研究では、関節鏡を用いた膝手術が三つの方法、すなわち半月板を削る群、関節の洗浄を行う群、切開のみ行う群に分けられました。本当の手術と同じようにふるまい、話、音まで再現した偽の手術の群では他の二つの群と同じ程度の治療効果が見られたのです。この結果は、人の心は身体に強力に作用する、物理現象を超える力があることを示しています。

このように心が身体に与える作用やプラシボ効果のことは、医学の中で認められているものの、実際の臨床では心と身体は切り離して考えられ、身体の機能をいかに修復させるかに重点が置かれています。そして、心でさえ、生物学的な脳の機能的または器質的な障害として説明される傾向があります。

その結果、ストレスが身体に影響することが分かっていても、内科や外科といった身体の働きを診る治療の中では、ストレスへの対処、ストレスの背景にある心理的側面を扱うことは置き去りにされざるを得ませんでした。そこで、心身医学の必要性が起こり、心身一如《いちにょ》として身体と心をまるごと診ていく部門として心療内科が設けられたのです。

関係性を診ていく心身医学

心身症とは、その症状の成り立ちに、心理的また社会的ストレスが大きく影響している疾患のことです。心療内科では多くの心身症の患者さんを治療していますが、心身症が起こる要因として失体感症や失感情症が指摘されています。

失体感症や失感情症は、簡単にいうと、身体や心の感覚を抑圧してしまっている状態のことです。たとえば、肩こりがあってもそのことに慣れてしまって、肩の張りがあることが分からない状態は、身体の感覚をなくした状態、失体感症と呼ばれています。また、つらくてもつらい気持ちを自覚せず平気な顔をしている状態、つまり気持ちを感じることを抑圧した状態は失感情症と呼ばれています。

逆に、身体、心、思考が反応しすぎて、エネルギーの流れを乱したり、エネルギーを消耗したりする場合もあります。たとえば、あまりに感覚が敏感であれば、現代社会の刺激と情報の多さに肉体と心は疲弊しきってしまいます。

また、ネガティブな思考の習慣や考えすぎによるメンタルエネルギーの浪費と、さらに過剰な不安と恐怖による心のエネルギーの浪費が起これば、結果的に身体を維持するためのエネルギーも不足してくるでしょう。あるいは、物事を論理だけで判断しすぎたり、こだわりすぎて思考の柔軟性が失われると、状況に応じた臨機応変な判断ができず、必要以上にエネルギーを消費してしまう場合もあります。

このように、さまざまなストレスが原因となって、身体、心、思考、それぞれの働きやリズムが乱れ、エネルギーのバランスが崩れて、健康な状態を維持できなくなるのが病気です。これを別の側面から見ると、内的なつながりの喪失ともいえます。

また、人間は外界とエネルギーの交流を行い、人、社会、自然、宇宙、大いなるものとのつながりの中で生かされています。この外界とのつながりが損なわれることも、生体のエネルギーの低下を招き、病になっていきます。このようにさまざまな因子との交流つまり、コミュニケーションの不全と未熟さがストレスとなって健康を損なうのです。

ですから、心身医学の治療には、心身相関への気づき、適切なストレスケア、つながりの回復、病を通した精神的成長の四つの側面があります。心身相関への気づきを促すために、身体から心に働きかけるアプローチとして、バイオフィードバック法、筋弛緩法、呼吸法、イメージ療法、瞑想といったリラクセーション法があります。行動の面からは、ストレスに対する有効な対処方法やセルフケアの方法を患者さんが見つけていけるようなサポートを行い、心から身体へ働きかけるアプローチとしては、カウンセリングや心理療法、心理教育が行われています。

従来の医学では、原因があって結果がある、といった直線的な考え方をするのに対して、関係性の医学といわれる心身医学では、すべての要因が関係し合っていると考えます。この考え方は従来の医学が「bio-medical model」と呼ばれるのに対し、「bio-psycho-social model」と呼ばれています（図4・5）。

たとえば肺炎の場合、従来の医学では細菌感染したから肺炎になったと考え、抗生物質を投与します。しかし心身医学では、仕事が多忙で体力を消耗していた、そこへ転勤のうわさが出て不安になり夜も眠れなくなり風邪を引いたが、もともとのまじめな性格から無理をして遅くまで働いたために肺炎になってしまった

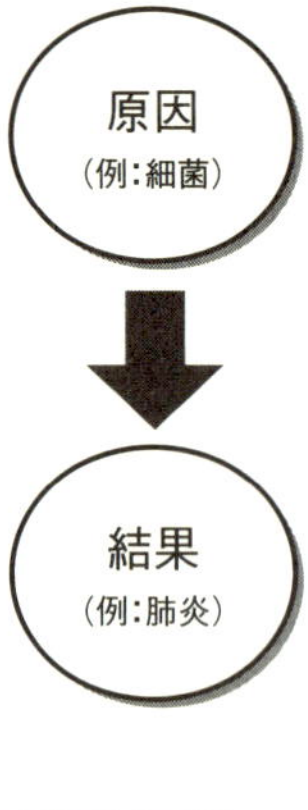

図4　biomedical model

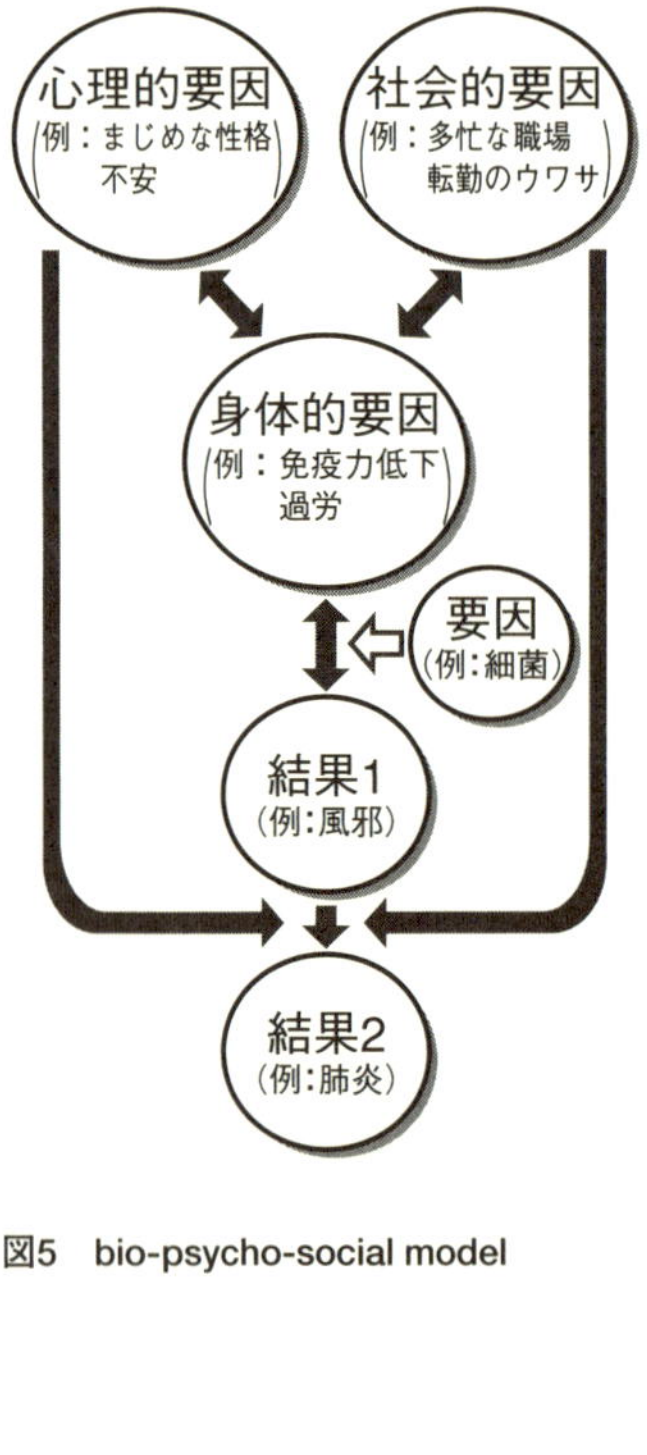

図5　bio-psycho-social model

というふうに考え、仕事のやり方、不安との使い方なども含めて治療していきます。

要するに、身体と心、本来の自分、人間関係、社会とのつながりを回復していくことが求められるのです。さらに、病を通してよりよい健康を得ていくプロセスを患者さんが学び、精神的にも成長していくことを援助することが、心身医学と従来の医療との大きな違いです。日本の心身医学の創始者である池《いけ》見《み》酉《ゆう》次《じ》郎《ろう》は、後年さらなる要因として、自然とのつながり、生きる目的、生きる意味といったエコロジカルな、また実存的な側面を加え、「bio-psycho-social-eco-ethical model」を提唱しました（図6）。

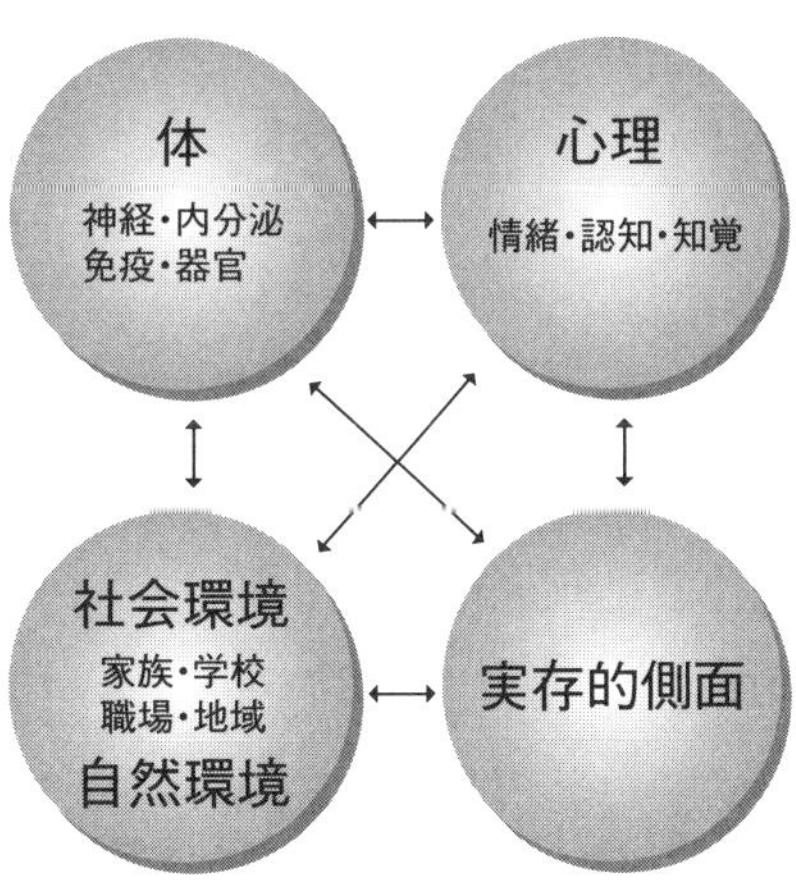

図6　bio-psycho-social-eco-ethical model

第2章　魂とは心、身体を超えた高次の意識

眼が語るメッセージ

しかし、心身医学だけでもまだ不十分な面があります。たとえば、人間は、感情や思考と身体だけの存在でしょうか？　つながりは、周囲の人、社会、環境だけでしょうか？

オーストラリアのアボリジニ、沖縄のユタ、先住民のシャーマンは、祈りや儀式などで病のみならず怪我まで治してきました。また、フランスのルルドやメキシコのトラコテのように奇跡の水を飲んで、難病が治癒したことが医学的に認められた数多くの症例や、ほとんど食物を食べずに病を治癒させ、微食を続けながら健康に暮らしている人びとの話もあります。

それらの事柄から考えられるのは、人間には心と身体を超えた別の要因があるということです。けれども、現代医学ではそのような現象がなぜ起きているのか答えてはくれません。生命エネルギーの存在、魂の働き、死生観や宇宙観、生きがいや生きる目的といったスピリチュアルな側面などを含めたいのちの全体像は、現代の医学ではまだ解明できていないのです。

私は心療内科に変わるまで、10年以上、眼科医として多くの患者さんの眼を診察してきました。そして眼は、喜び、悲しみ、言葉にできない思い、無意識の感情、そういった目に見えないものを語っていると感じるようになりました。

さらに、精神的なものだけでなく、その人の生命エネルギーが放射されていると感じるようにもなりました。そこで私は、たくさんの人の眼を写真に撮り、眼が語るメッセージにはどんなものがあるのか調べてみました。眼の表情から、肉体的な疲労やバイタリティーの程度や、隠されている感情も見て取れました。顔の表情はつくれても、眼の表情を変えることは難しいのです。

心が泣いているときは、顔が笑っていても、眼に映る悲しみを消し去ることはできません。また、眼はその人の意識の状態、スピリチュアルなエネルギーをも表わしています。いわゆる聖人といわれた人の眼だけを見ると、すべてを見通したような深遠な眼をしているのです。トルコでは、眼の形をした魔よけをイーブルアイと呼んでいます。眼でひとにネガティブなエネルギーを放射できると同様に、眼から出る強いエネルギーでネガティブなものを追い払うのです。私が眼科を通して気づいたことは、眼は心と生命とスピリチュアルな意識を映し出す鏡だということでした。

眼が放つエネルギーとメッセージから教えられたことは、健康は十分な生命エネルギーが滞りなく流れ、魂の求める方向に生きている状態であり、多くの病の根本的な原因は、自身の内面の問題と生命エネルギーの低下にあることでした。そのため、ペースを落として立ち止まり、今までの生き方、自分のあり方を振り返るように、自分への気づきを促すメッセージとして病があるのです。

忘れられた魂の哀しみ

私たちは本当のところどういう存在なのでしょうか？　身体なのでしょうか？　それとも心や思考なのでしょうか？　それとも身体と心や思考を超えた存在なのでしょうか？

私たちはあまりにも物質や目に見える世界にとらわれ、心がどれだけ健康に影響を与えるかですら軽んじがちです。ましてや心よりもとらえどころのない魂というものに対しては懐疑的になっています。

先住民や伝統医学や古代の文明では重要視されてきた魂の存在を、現代の私たちはまるで集団催眠にかかっているかのように忘れてしまっています。現代人は魂の躍動を感じることも減り、〝失魂感症〟とでもいうべき状態になっているように感じます。

けれども、魂はいつも私たちと共にいて、私たちのことを愛し、私たちが幸せになることを願っています。魂に気づいて、本来のありのままの自分らしく生きるようになるのを待っています。その存在にまったく気づかず、本来の自分らしい生き方とずれてしまったときの忘れ去られた魂の哀しみが、スピリチュアルペインとなるのでしょう。

魂は、感情や思考を超えた私たちの存在の根源的なもの、本質的な意識ともいえます。私たち人間は、身体、心、思考だけの存在ではなく、魂をも持った多次元的な存在。そして健康とは、身体と心と魂がバランスよく整合し、生命エネルギーがスムーズに流れている状態を意味します。言い換えれば、人間を動かし、生命を与える根源的なものは生命エネルギーであり、生命エネルギーの源は高次の意識のエネルギーである魂だといえるのです。

空の雲から一粒の雨が落ちてきます。雨粒は地面に落ち、地下水になり、せせらぎになり、曲がったり滝になったりしていろんな経験をしながら、小川になり、川になり大河になり、海に注ぎ、やがて水蒸気となって空へ帰っていきます。そしてまた時期がくれば、一粒の雨となって地上に降りてきます。

私たちのいのちも、空から落ちてきた雨粒のように地球という母の体内に宿り、育まれ、やがて肉体が朽ちていく。そのいのちを生みだしている生命エネルギーは、自然と同じように循環し、いのちの源から来ていのちの源に帰っていくのではないでしょうか。このいのちの大きな循環のサイクルの中で、なくならない唯一のものは生命エネルギーの根源、つまり高次の意識である魂です。

魂はその光を素直に表現したがっている

いのちの循環に気づくと、死は肉体という殻を脱ぎ捨て蝶になっていく通過点、卒業式のようなものに思えてきます。ただし、ここでの落とし穴は、肉体を持つことによるさまざまな制約が苦痛になって、生きる意欲が低下する危険があることです。

魂の世界が楽に思えたり、人生のリセット願望が生じる可能性があるのです。でも、そうすることはよくない、自然に反する行為であると私たちは感覚的に知っています。そして、精一杯生きている人に感動し、それぞれの人生をしっかりと生ききるようになっています。

死が卒業式とするなら、私たちにとって生きること、人生とは何なのでしょうか？

「生きたい」――これは魂にインプットされた根源的な特質です。生きるのは「修行だから」「死が怖いから」という理由をあげる必要はありません。私たちは単純に、ただ生きる、生きたいと願う存在なのです。なぜなら、生きることそのものが魂の表現だからです。

私の場合は、自由に音楽に身を任せ、歌い、ダンスしていたときに、魂はその光をただ素直に表現したがっていることに気づきました。魂は光を自由に輝かせたい、生きることは魂を輝かせること、つまり存在そのものの自由な表現にほかならないことに気づいたとき、涙が流れてやみませんでした。

ロウソクの火が理由なく、ただ赤々と輝き周りを明るくするように、魂はただ光を輝かせ表現し、世界を明るくするものなのです。輝かない火がないように、輝かない魂はありません。肉体を持っていようがいまいが関係なく、いついかなる時も、魂はその光を輝かせる、つまり、精一杯生きるようにできているのです。

さらに、魂は自分のためだけでなく、他者のために輝きます。人間は必ず他者とのつながりの中に生きています。たとえ山にこもって自給自足の生活をするとしても、産んでくれたお母さんがいない限り、その人はこの世に存在しません。

魂のつながりの中では、一つの魂が輝けば世界を照らし、他の魂の励ましとなり、逆に、周囲からの光を浴びれば自らの輝きも増していくのです。魂の光が同じである必要はまったくなく、必ずしもすべての人が同じことをする必要性もない、それぞれが個性ある光で、いろんな光が輝き合っているとき、世界は歓びにあふれるのではないでしょうか。肉体の生死に関係なく、魂はただその光を表現し、精一杯周りを明るく照らし、他の魂が輝くよう援助したい……なぜなら、私たちのいのちの源は一つだからです。

スピリチュアリティとは自分の本質を知ること

このような魂の観点からスピリチュアリティをとらえると、狭い先入観から解き放たれます。スピリチュアリティとは、特定の宗教を信仰することでも、誰かに依存して人生の方向を示してもらうことでもありません。今ここにいる自分を感じること、私たちの魂とつながること、そして自分自身の本質を知り、宇宙の真理を知ることです。

ひとが自分自身を知りたいと思うのは、根源的な欲求です。古代ギリシャの遺跡、デルフィの門に「汝自身を知れ」という言葉が刻まれているのは、それが、私たち人間がこの世に生まれ生きる普遍的な目的だからです。本当の自分を知り、魂のあるがままに生きて幸せであること、それこそがスピリチュアルな状態であり、すべての存在は本来スピリチュアルなのです。

魂がなぜこの地上で、この瞬間に、肉体を持つ存在として生きるのかは、肉体や心という制限の中でこそ得られる体験を積み重ねることによって、自分自身や宇宙の真理に対する理解を深めることにあります。

生きることには、今生《こんじょう》で学ぶ必要のある特定のテーマと、普遍的に学ぶテーマとがあります。特定のテーマとは、たとえば、生まれてから死ぬまで同じ村で一生を終える人にとっては、コミュニティーの大切さを学ぶことかもしれませんし、世界各地を飛び回る人は、人種や文化の多様性を学び、自分の認識を広げることであるかもしれません。普遍的なテーマとは、この宇宙の真理を学び、真理そのものの存在に戻っていくことを意味します。

皆さんは魂の輝きとはどんなものだと想像されるでしょうか？　私はマウントシャスタで瞑想したとき、胸のあたりにキラキラ光る透かし模様の入ったクリスタルボールを見ました。淡いライトグリーンのクリスタルボールの中から眩しいほどの光が放射されていました。そのときのボールは、2/3近くが半透明の白い殻で覆われ、殻のないところから、そのきれいな模様や光が輝いて見えました。

そのとき、「これは自分の魂の光なんだ。この覆いをすべて取り外すことが魂の成長なんだ」と分かったのです。言い換えると、私たちの本質は、たくさんのカットを持った大きなダイヤモンドなのかもしれません。それは一点の曇りもない光り輝くダイヤであるのに、私たち自身がそのことを自覚せず、汚れをつけていたり、覆い隠したりしているのです。

この世で最も分からないのは自分自身ではないでしょうか？　人生での体験は、私たちに、汚れをつけているとことや覆いをつけていることを気づかせ、剥がしてくれるアカスリのような役割をしてくれているのです。そして病は、その中でも最も私たちに届きやすいメッセージなのです。

魂は今生でのテーマを学び、宇宙の真理に戻る旅をするためにどうしたらいいのか知っています。しかし、そのことを理解しようとしなければ、自身の行動や考えと魂の間にギャップが生まれ、やがて葛藤となったとき、心身のバランスが崩れる形で、気づきを促すために魂がメッセージを発するのです。

第3章　病は魂からのメッセージ

魂からのメッセージに見られるテーマ

では、バランスを取り戻すための病からのメッセージにはどのような意味があるのでしょうか？　それは、「変化の時期を教える」「人生の学び」「周りに何かを伝える」「周りに教える」等々で、それぞれに実例をあげてみます。

【変化の時期を教える】

40代半ばのBさんは、3人の男の子を育てた主婦でした。下のお子さんが高校生になった頃から、メヌエル病、頭痛、動悸などに悩まされるようになり、体調が悪化すると精神的にも落ち込み、外出することもできなくなっていきました。仕事で多忙なご主人は、新しい事業に生きがいを持っていました。もともと外交的で趣味も多いご主人と、趣味もなく、人づきあいが苦手で甘えることの下手なBさんとは、意見の食い違いも多く、夫婦関係もぎくしゃくしていました。数年後には子どもたちは、結婚、就職、大学生となり家を出て行き、ご主人も仕事のために別居されることとなり、家に一人残されたBさんは、強い頭痛とふらつきのために受診されました。

ともかく症状を取ってほしいというのがBさんの要望でしたが、本当の問題はBさんに人生の変化の時期が来たことでした。まずセルフケアやリラクセーション、薬などを処方し症状が緩和していきました。ちょうどそのとき、家族のもめごとが起こり、Bさんにうつ状態が出現しました。これは症状の奥にあった本当の心の問題が現われたことを意味し、病を改善し、人生を好転させるチャンスでもあります。

Bさんは、うつになったことをきっかけに心理的な問題に向き合いはじめました。夫への不満と怒り、自分の自信のなさで一杯だった感情が少しずつ変化しはじめたのです。今まで子育てで余裕がなく、自分のことなど一切顧みなかったBさんが、化粧や髪に気を配るようになりました。「自分のしたいことってなんだろう、自分の人生これでいいのでしょうか？」という言葉が見られるようになりました。そして「結局、自分が変わらないといけないんですよね。今まで周りのせいにしてきたように思う。自分でできることを始めたい」といえるようになった頃、ご主人との関係が改善しはじめました。

子育てが終了し、家族の役割が変化するこの時期、Bさんも母から一人の女性として自分の人生の変化を迫られていたのでした。ご主人はその変化にすでに適応していたため、彼女との歩みにギャップが出てきていたのでしょう。病はBさんに人生の変化の時期が来たことを教え、Bさんの第二の人生を歩むように、ご主人との関係を見直すように後押ししてくれたのです。

【人生の学び】

次の例は、無意識に首が曲がってしまう「斜頸《しゃけい》」という病気にかかったCさんのケースです。働き盛りのCさんは、近くの病院で薬などの治療を受けたものの良くならないため、相談にいらっしゃいました。症状のために休職に追い込まれ、落ち込んだ様子でした。悪いのはこの首といわんばかりで、症状以外の会話はありませんでした。

まず、首の筋肉の過剰な緊張を緩《ゆる》める運動や訓練を行いました。Cさんは熱心に取り組み、緊張時、ひとと会うときには相変わらず首が曲がるものの程度は軽くなってきました。自分でも対処できるんだという自信と気持ちに余裕が芽ばえ、不安に巻き込まれずに症状や自分を受けとめられるようになってきていたのです。

そんなある日、以前から私が感じていたことを尋ねました。「何か隠したいことがあったのですか?」。Cさんは、「実は会社で本当のことを取引先に言うなと言われていたんです。自分が自分でなくなったようで本当につらくて、お客様に顔を合わせるのもつらくて……」と涙ながらに初めて気持ちを語られました。

その後の診察では表情も柔らかくなり、「問題は首ではなく、ひとからの評価を気にしていたことに気づきました。もっと自分と向き合いたい」と語られ、どんどん心の扉を開いていくにつれ症状も改善していったのです。そして「首を支えるような確かなものが心の中にあれば大丈夫だと思います」と言われたとき、治療は終わりになりました。

Cさんは自分自身の弱さと向き合い、それを受け入れ、本当の自分を見つめていったことで、深いレベルでの癒しが起こったのです。心の扉の奥にあるたまった気持ちが洗い流され、弱さも強さもすべてが受容されるとき、自分の中にある本来の治癒力が発動するのではないでしょうか。そして、病を通して人生の大きな学びを得られたのです。

【周りに何かを伝える】

20代前半のDさんは、高校生の頃から摂食障害を患っていました。ストレスがたまるといけないと思っていても過食がやめられず、食べては吐いての繰り返しでした。実は、Dさんはお父さんのことが嫌いで仕方なかったのです。

田舎で一人っ子の長男として育ったお父さんは、封建的な考え方の持ち主でした。そのためDさんのお母さんは、お父さんに口ごたえすることは許されず、気に入らないことがあると、言葉の暴力をふるわれていたのです。数回、手が出たこともあったそうです。お母さんは世間の目があることから、耐えるしかないとあきらめていました。

Dさんが都会の学校に進学したのも、お父さんと離れることで過食が良くなるかと考えたためです。しかし、症状は変わらず、そのことでお母さんはお父さんから責められていたそうです。Dさんはお母さんのことが気になってしようがありませんでした。Dさんの病気に対するお父さんの態度が冷たいものであったため、お母さんもお父さんとの結婚生活を見直され、離婚を考えるようになりました。

両親の離婚が決まった頃から、Dさんの過食は止まり、「今までは、お母さんのことが中心の生活だった。これからは自分のことを考えたい」と語られました。Dさんはお母さんの気持ちを代弁し、お母さんの本心を気づかせ、新しい人生に踏み出させたのです。

このように、周囲に何かを伝えるために病となって現われることもあるのです。


【周りに教える】

あるテレビ番組で放映されていた、実際のご家族の話です。豆腐屋さんを経営するEさんは、3人の子どもの父でした。一番目に生まれた長男は、乳児期からてんかんと言語障害を持っていました。三番目に生まれた二男F君は、重度のダウン症で、5～6年の寿命しかないといわれました。しかも2歳で白血病になり死の危機にさらされたのです。

きつい化学療法の副作用で、食べ物も口に入らなくなった二男のために、Eさんは、子どもに栄養価の高く、安全で美味しい食べきりサイズの豆腐を開発しようと心に決めました。しかし、高濃度の食べきりサイズの充填豆腐《じゅうてんどうふ》はまだ誰も開発したことがなく、困難を極めました。

高価な機械もなく、資金も底をついたEさんの情熱に、Eさんの友人たちがボランティアで開発に力を貸し、銀行もEさんの情熱を認めて融資を行った結果、1年後に豆腐は完成しました。その豆腐を食べた二男の白血病は完治して、豆腐は人気商品になり全国に販売されるようになりました。

それだけではありません。Eさん夫婦の努力を見て、長女も長男も力を合わせて家族一丸となって困難に立ち向かう間に、長男のてんかんも言語障害も治ってしまいました。F君の病をきっかけに、Eさん一家、Eさんの周囲の人たちの心に愛の花が咲き、つながり、奇跡が起きたのです。F君の病は周囲に愛と協力を教えるメッセンジャーだったのです。

第4章　スピリチュアリティの本質

さまざまなスピリチュアリティのとらえ方

前章で取りあげた事例以外にも、病からのメッセージをしっかりと受けとることで、症状が改善していくことはよくあります。これはある意味で、医療におけるスピリチュアルなレベルでのケア、スピリチュアルヘルスともいえるかもしれません。

ところで、皆さんはスピリチュアル・スピリチュアリティという言葉を聞いてどんなことを想像されるでしょうか？　欧米で使われていたこれらの言葉は、霊性と訳される場合もありますが、霊魂というニュアンスよりもより広い概念を指すことから、１９９０年代から日本でもスピリチュアリティという言葉がそのまま使われるようになりました。

かつてはごく限られた範囲だった書店の精神世界のコーナーも、より広くなり、スピリチュアリティ・スピリチュアルといったテーマの本が数多く見られるようになりました。一般雑誌でもスピリチュアル特集やヒーリングスポットの特集などが見られ、テレビや映画でも関連する作品が制作されるなど、スピリチュアリティという言葉は、一般社会の中に定着してきました。

以前は、霊魂、幽霊といったイメージが強かったスピリット・スピリチュアルという言葉も、オーラ、チャクラ、過去生、癒し、ヒーリングといった目に見えない生体エネルギーや超常現象、生き方や生きがい、信仰を含め、人生をより広い範囲で見るような視点を表わすものとしてとらえられるようになりました。

このような一種のスピリチュアルブームは、人間には身体や心以外の目に見えない部分があり、自然界にもいまだ科学では証明できない領域があることを私たちに教えてくれています。たとえば、過去生は普遍的な個々の魂の歴史、オーラは人間がエネルギー的存在であるといったように、従来の物質主義の目に見える世界観から、それを超越した世界観のあることを示したのです。

その一方で、スピリチュアリティという言葉が、しばしば誤解されて使われたり、逆にスピリチュアルなことへの興味が深いために陥る落とし穴もあります。たとえば、現代の科学や知識で説明のつかないことがあると、それは「宗教」または個人的な「信仰」として、何か危険なものであるかのように扱われたり、頭から切り捨てられてしまうことがあります。スピリチュアルなことを理解する以前に、「受け入れられないもの」という色メガネや先入観で見られてしまう場合があるのです。

またスピリチュアリティは、幸運や出会いといった物質主義的、科学的な考えでは解決できないものを解決するためのツールとなっている場合もあります。その背景や意味を理解せず、信じているわけでもないけれど、ご利益《りやく》を期待して何でも取り入れるケースです。あるいは、非常にスピリチュアルなことに興味や造詣が深い人の中に、興味のない人よりも「自分は特別である」「より進化している」と誤解し、他者を排除しかねない見方に陥る危険性もあります。

このような考え方は、いずれも、スピリチュアリティの本質的な意味を誤解していることから生じています。スピリチュアリティのとらえ方が、従来の物質的に物事をとらえる視点と変わりないのです。言い換えると、医療の場合、身体を扱う上での治療方法の違いから、外科、内科、整形外科があり、そこに放射線科が増えるように、小売店でいうと、デパート、専門店、モールといったショッピング形態の中にドライブスルーという方法が増えるように、不思議でよく分からないけど、ご利益のありそうなスピリチュアリティという便利なお店が増えたようなものなのです。

スピリチュアリティがもたらす新たな視点と意識の変容

一般にスピリチュアリティというと、過去生やオーラ、チャクラといった目に見えない自分の状態を知るものとして、占いに似たもののように扱われる傾向があります。確かに、自分自身を知るための新しい側面が与えられたことは、とても大きな意味を持っています。ですが、私たちが真の恩恵を得るためには、一時のブーム、ファッションで終わらせず、その奥にある本質的なものを理解することが大切です。

つまり、その場限りの興味の対象や趣味としてではなく、生き方そのものをより豊かなものに変えていくための指針や人生の座標軸となるのがスピリチュアリティの深い意義といえるでしょう。

21世紀を迎えて、生きとし生けるものがこの地球上で生き続けていくためには、社会的にも環境的にも、私たちは変化を求められています。今までの拡大思考、消費優先、力の支配ではもはや幸福を手にすることができないのは明らかです。これは、医療が今までのスタイルの中で副作用の問題に悩んでいるのと同じです。では、私たちが幸福な未来を手にするために本当に必要なものは何なのでしょうか？

ひとは悩みがあったり行きづまったとき、それまでと同じやり方、考え方を続けていても解決策は見出せません。それまでとは別の視点を持ったときに、「あーそうか！　こういうやり方があったんだ」と解決に導かれるのです。目の前を大きな岩で塞がれて前へ進めないときに、素手でいくら岩を叩いても状況は変わらないでしょう。そこでいったん後ろに下がって視野を広くして、別の角度や高さから見たり、岩の周囲を迂回すると新たな打開策が見出せるのです。

アメリカの月探査のアポロ計画で、宇宙から地球を見た宇宙飛行士たちの多くは、あまりの地球の美しさに感動し、帰還後、生き方や物の見方が変化しました。なかには伝道師になった人もいます。それは宇宙空間から地球を見るという、今までと逆の視点を体験したことで彼らの意識が変わったからです。このように、現代の人類が直面している危機的状況を変化させ、根本的に問題を解決していくために最も必要とされていることは、これまでとは異なる視点であり、私たちの意識のあり方そのものなのです。

医療においても同じことがいえます。ホリスティックな医療が求められ、代替医療と現代医療の良い面を組み合わせた統合医療の重要性が議論されるようになりました。しかし、心身の病を症状がなかったときの状態に戻すことを目的として、現代医療の限界をカバーするためにただやみくもに代替医療を加えるのであれば、真のホリスティック医療とはいえません。心身医学のように人間をトータルに診る視点、さらに、人間は身体と心を超えた魂や生命力や意識というエネルギーを持ち、社会や自然や宇宙や大いなるものとのつながりの中に生かされているというスピリチュアルな視点に立ったときに、初めて真のホリスティックな医療へと変容していくのです。

スピリチュアルな視点を持つことは、目に見えない世界を感じ、今までの世界観を超越した感覚や新たな視点を持つことにつながります。スピリチュアルな視点を持つことで、考え方、意識のあり方の変化を伴うため、生き方や自分を取り巻く環境までもが変わっていきます。このように、本来のスピリチュアリティを追求していくと、自分自身の意識と存在感が広がり、より豊かになっていきます。

今後、医療は物質的身体を治療する物理的な方法から、治療から予防や健康増進を含め、wellness（心身の快適状態）や癒しへと広がり、スピリチュアルな方法へと向かい、より包括的なものとなるでしょう。そのため、人間の多次元的なレベルの機能不全を改善するような療法、たとえばカウンセリング、リラクセーション、瞑想、ホメオパシー、フラワーエッセンス、クリスタルヒーリング、エネルギーヒーリング、スピリチュアルヒーリングなどが注目され、活用されるようになるでしょう。

このように、医療が変化していくとともに、私たち自身の健康に対する姿勢も変化を求められていきます。従来のように、損なわれた機能をもとの状態に戻すことから、自分自身の中にある健康を創造していく力を最大限に引き出し、よりよい人生を歩んでいくことが医療の究極の目的となっていきます。

そのためには、一人ひとりがライフスタイルの改善を図り、健康や人生の責任を受け入れることが必要です。従来のように医師やセラピストが病を治すのではなく、自らが主治医となって健康になる力を取り戻すのです。

本当の幸せは自分の魂とつながることから

スピリチュアルヘルスは、私たちの究極の願い、すなわち本当の幸せを得ることにつながります。私たちは誰もが幸せになりたいと思っています。自分が、自分の家族が、周りの人びとが幸せであってほしいという思いが究極の願いではないでしょうか。幸せになるために、私たちはどう生きたらいいのか試行錯誤をしています。

しかし一方で、自分がどうしたいのかが見つからず、何をしたら幸せにつながるのか分からず、迷いながら生きているのも現実でしょう。自分のことを分かっているようで実はいちばん分からないのが自分自身。どうしたらいいのかひとに相談するものの、結局、自分が納得しなければ行動せず、うまくいかなかったときには周りの責任にしてしまったり。そして、こんなやり方でいいのかと違和感や不安感を持ちながら、また周囲の意見を求めるといった悪循環に陥っていきます。

このように矛盾した状況になってしまうのは、私たちが自分の心の声に耳を澄まして自分の決断を信じることが苦手になっているためです。私たちは、どうしたら間違うことなくいい結果を得られるのかを考えるように、子どもの頃から教えられてきました。

そのような考え方も必要ですが、一方で直感や決断力、創造力を低下させ、失敗を必要以上に恐れ、周りからの評価を気にする習慣をつくってしまったのです。そして本当にしたいことを先延ばしにしたり、本当にしたいことが何なのかすら分からなくなってしまうのです。

本当に魂から自分がしたいことを実行したときには、無上の悦びを感じ、自分の中に力がみなぎる感覚で満たされます。困難があってもつらくはない、むしろやりがいや楽しさをその中に見つけ、結果的にすべてがうまくいくことを体験します。なぜなら、自分の魂とつながったときには、魂の力が100%発揮されるだけでなく、高次の意識の協力を得ることができるからです。この魂の力が100%発揮される状態こそが、生命力を最大限に賦活し、真にスピリチュアルな健康をもたらすのです。

私が眼科を選択したのは、いろいろ考えてそれが間違いのない良いことに思えたからでした。けれど、それが本当にしたいことではなかったため、魂が語りかけてきたのです。そして自分の魂の声に従っていくと、思ってもみない、けれど楽しい方向に人生が変化していきました。心療内科に転向したときも不安はありましたが、それは杞憂に終わり、大変充実し、よりイキイキした生活が送れるようになったのです。

私たちは長い間、幸福になるための答えを自分の外に求めてきました。その結果、周りからの評価を気にすることが習慣となり、自分が本当にしたいことよりも、間違いのない人生を求めるようになっていきました。本当の幸せを見つけるためには、自分の本質、つまり魂とつながることが重要であるにもかかわらず、そのことすら忘れてしまったのです。

しかし、もはや私たちは、自分自身の本質、魂と再会すべき時期が訪れています。医師であり、世界的に著名なスピリチュアルリーダーのディーパック・チョプラは、『バーバの教え』（ダイヤモンド社）という著書の中で、次のような示唆的な物語を紹介しています（以下、同書「神様のいたずら」から抜粋・引用）。

＊

神はこの世を創ったとき天使たちを集めてこういった。

「私は自分の姿に似せて人間を創る。彼らは創造性にあふれ、知的で善良だ。神聖なものの全てがうまれながらの権利にして彼らのものになる」

天使たちは言った。

「でも、彼らがその真実を知っていたら、人生がうまくいきすぎて退屈になるでしょう」

「ならば、私はその真実をいちばん高い山の頂上に隠そう」と神は言った。

「人間たちは簡単にいちばん高い山に登る方法をみつけるでしょう」と天使たちは言った。

「ならば大海のいちばん深いところに沈めよう」と神は言った。

「人間はいちばん深い大海に潜水する方法をみつけることでしょう」と天使たちは言った。

そのような頭のよい生き物から真実を隠すのはどこがいいかという話し合いに熱がこもっていった。雲の上、月の上、遠い銀河の中……。やがて神はすばらしいアイデアを思いついた。

「わかった。私は真実を人間の心の中に隠そう。そこは彼らがいちばん最後に探す場所だろうから」

天使たちは拍手した。そこで神はそうした。

＊

私たちは、今こそ本当の幸せを見つける時期が来たのではないでしょうか？　自分が誰であるのか、どこから来てどこに行くのか、なぜここにいるのか、それを知的理解でなく、ハートの奥から体感すること、それは本来の自分とのつながり以外の何物でもありません。

それにはまず、ポジティブに思える部分もネガティブに思える部分もすべてあるがままの自分を受容することから始まります。そのとき初めて全面的な自分への愛情と信頼が生まれるのです。そして実はポジティブもネガティブもなく、ただささまざまなことを体験する中ですべてが統合され、本当の自分に目覚めること自体に意義があることを知り、一つのことに気づいたら、また次の気づきが現われるでしょう。

それは、大いなる宇宙の真理を知る際限のないプロセスなのです。そのたびに、確実にあなたは癒され、楽に生きることができ、あなたの魂の望む方向へと進んでいけるのです。

自分の魂とつながり始めると、周りの人・社会・自然とのつながりが変わり、シンクロニシティー（共時性）が頻繁に増えていきます。また、魂の声である直感を信じることの大切さが理解できればできるほど、さらに直感が増してきます。すると、宇宙があなたを幸せへと導く次のステップへの準備を必ず用意していることに気づき、あなたは見事なまでに導かれていることに驚くでしょう。そして、あなたの生きる力を取り戻すのです。

万人にとってのスピリチュアリティとは

あなたの魂は知っています。あなた自身が何者であるか、そしてあなたの行く道を。あなた以外の何ものでもなく、あなた自身の中にこそ、生きる力がある。なのに、自分の外に人生の行く手の答えを求めたり、誰かにすがることは、あなたの生きる力を誰かに与えていることになります。

あなたは、あなたが想像している以上の存在です。あなたには無限の可能性があり、あなたの夢を実現していくだけの生きる力があるのです。思考が与えるイメージは、知識や体験からの判断に基づいているためにどうしても限界があります。あなたの無限の可能性を後押ししてくれるのは、思考ではなく、直感や理由はないけれど「知っている」という内的な感覚なのです。

あなたは、ただあなたの中の生きる力を感じ、信じるだけでいいのです。そうすれば、魂は大いなるものと連動してあなたの想像以上のものを与えてくれるでしょう。あなたはただそれを感謝して受けとり、今あなたにできることを行うだけで十分なのです。あなたを阻害するものは、あなたの中にある、分離、恐怖、罪悪感、恥の気持ちと、そういった感情をかき立ててあなたの生きる力や自立を奪う外からの影響です。

あなたの中にある生きる力を引き出し、自立を促すものが、スピリチュアリティです。その意味において、万人にとってのスピリチュアリティとは、「究極の幸せを追求する生き方」といえるのではないでしょうか。

究極の幸せを追求するということは、自分自身の内なる声に耳を澄まし、魂とつながることと生きる力を取り戻すことを意味します。そのとき、自分を全面的に受容し、信頼し、愛し、満足して生きることができるのです。

そのために、まず魂の躍動を感じることから始めましょう。心からの感動や音楽のハーモニックな波動は、魂を震わせることで魂を目覚めさせます。ですから、自由に歌うことやダンスはエネルギーを解放し、魂の光を放つための自分でできる最も身近な方法です。そして心静かに自分の中心とつながるとき、深い歓びに包まれていきます。

次に、変化を恐れず直感に従い、スピリチュアルな視点から物事を見ることです。この世界には、有名無名にかかわらずスピリチュアルに生きた多くの人びとがいます。たとえば、マザー・テレサ（1910〜97）もその一人です。彼女がシスターであったこと、慈善事業をしたことがスピリチュアルであることを示しているのではありません。

彼女は自分の魂の衝動に従ってシスターになり、自分の直感を信じ周囲の反対を押し切って修道院を出て、スラムの中で歓びをもって自由に生きた、そして自分と多くの人を愛した、そのことが彼女の人生をスピリチュアルなものにしているのです。

あなたが、心の奥から魂の衝動をもってしたいことがあるのなら、自分を信じてそれに従うことがスピリチュアルな生き方の第一歩です。そして自分を愛し、ひとを愛し、歓びをもって生きるとき、真のスピリチュアリティが目覚めていくのです。

第5章　愛とスピリチュアリティ

愛こそがひとを癒す

今、地球は転換期にきているといわれています。異常気象、環境問題、生物種の減少、戦争などから、このままでは人類の存続は危ないという意見があります。高度に発達した科学をうまく使いこなせるほど、人間の精神性が成熟していないことが原因だといわれていますが、本当に人類は破滅の方向に向かっているのでしょうか？

すべては必要で必然であるなら、これは私たちが精神的に成熟し、素晴らしい世界をつくるための関門ではないでしょうか。その関門を乗り越えるカギは、大いなる自然の恵みと循環を知り、私たちが魂の存在であることに気づく、つまり、魂の癒しと覚醒にあります。私たち一人ひとりが自分を愛し、ひとを愛し、分かち合い、魂が目覚め、意識が変わるとき、この関門を乗り越えることができるでしょう。

そして、何億というつながった光たちの躍動、きらめきこそが、転換期にある地球や日本の場のエネルギーを高め、地球を再生させていく原動力となってゆくでしょう。

スピリチュアルな健康を視野に入れたホリスティックな医療の基本は、愛にあります。日本の心身医学の創始者、池見酉次郎は「魂の平安を通じて心身の健康をつくる医学」、「幸せへの医学」を求めて心身医学にたどり着きました。そのため、池見は心身医学を「愛の医学」と呼びました。なぜなら、愛こそがひとを癒し、成長させ、歓びに導くものだからです。

人間は、身体と心と魂の存在で、周囲のあらゆるものとのつながりの中で生かされています。身体と心と魂をつなぐものは愛であり、周囲とのつながりをもたらすものも愛なのです。ですから、愛こそがひとを癒すのです。私たちの社会では、ひととひととの直接の触れ合いが希薄になってきています。愛のはじまりはふれあい「触れ愛」からはじまります。

カリール・ジブランの『預言者』（成甲書房）には、愛の本質について端的に述べられている箇所があります（以下、同書より抜粋・引用）。

＊

愛は自分自身をあたえるだけ。ほかにはなにもあたえず、なにも奪わない。
なにも自分のものにせず、誰のものにもならない。
愛は、愛だけでこと足りている。
自分で愛のゆくえを決められると思ってはいけない。
その価値のある人なら、愛のほうがゆくえを定めてくれる。
愛は、愛が成就すること以外、なにも望まない。
けれどももし誰かを、なにかを愛して、どうしても何かを望みたいときは、
こんなことを望むことにしよう。
この身が溶けて、せせらぎのようになって、夜のあいだも歌い続けることを。
優しすぎることの痛みを知ることを。
愛を自分勝手に理解して傷つき、

それでも、みずから喜んで血を流すことを。

夜明けには、翼を持った心で目を覚まし、また愛する一日が始まることに感謝することを。

昼下がりには、安らぎながら、愛の恍惚を思い浮かべることを。

夕暮れには、感謝の心で家に帰ることを。

そして寝るときには、愛する者への祈りが心に、そして賛美の歌が唇にあることを。

＊

愛は究極の処方箋です。心療内科には多くの患者さんが受診されます。それぞれの患者さんは、まったく異なる苦悩を抱えていらっしゃいます。個別の苦悩であっても、その苦悩の奥にあるものを突きつめていくと共通するものがあります。それは、皆、愛を求めて苦悩されていることです。

さらに突きつめていくと、もっと奥底に、人類の持つ根源的な悲しみ、つまり、大いなるいのちの根源から切り離されてしまったという悲しみにたどり着きます。一人ひとりの患者さんを通して、深く流れる人類の悲しみに触れるとき、私は言葉にできない思いにかられます。

この悲しみは、誰かが何とかしてくれるものではなく、私たち人類が全員で癒していく必要のあるものでしょう。いくら根深いものであったとしても、私たちはいつかその悲しみを癒すことができると確信できます。なぜなら、それを癒すのが愛であり、愛はすべての人に備わっているからです。

愛が心身に影響を与える医学研究

愛ある人間関係が健康に影響を及ぼすことを示した、数多くの医学研究があります。アメリカのエール大学の研究で、血管造影検査で心臓の冠動脈の血栓を調べると、自分が愛され支えられていると感じている人たちの方が、血栓が少ないという結果が出ています。

さらに、重症の心筋梗塞の指標としては、つき合う人間の数よりも、愛され支えられていると感じている方が重要でした。また、愛や精神的サポートといった因子は、食事、喫煙、運動、コレステロール、家族歴、その他のリスク要因とは関係なく、結果に影響していました。

同じように、スウェーデンで行われた冠動脈血管造影の調査も同様でした。131人の女性を対象として行われた調査で、冠動脈血管造影検査の結果、ひととの深い感情的な結びつきのある女性ほど血管の閉塞の程度が軽く、年齢、高血圧、喫煙、その他の心筋梗塞のリスク要因を考慮に入れても、結果に変化はなかったのです。

さらに、ケース・ウエスタン・リザーブ大学で行われた、胸痛を感じたことがない既婚男性1万人を対象とした調査では、高コレステロール、高血圧、高齢、糖尿病、心電図異常などのリスク要因の高い人では、その後5年間に胸痛を感じる確率が20倍高いことが分かりました。

しかし、驚くべきことは、奥さんに愛されていると感じている人たちは、リスク要因が高くてもあまり胸痛を発症しておらず、リスク要因が高くて、しかも愛されていないと感じている人たちは、胸痛を2倍も高い確率で起こしていたのです。つまり、食事や血圧などのリスク要因は心臓病の発症、悪化に影響を及ぼすものの、愛情ある人間関係にはそれらの悪影響を緩和する働きがあると考えられるのです。

社会的支援と心血管疾患の関係も研究されています。ブルメット（Brummett）らが行った社会的支援と心臓死の調査では、社会的に孤立している人では死亡率が高いことを報告しています。社会的ネットワークが3人以下の場合、多くのネットワークを持つ人と比べると、心臓死のリスクが2・5倍も高くなっていました。それは年齢や疾患の重症度、収入、喫煙、敵意といった因子を調整しても有意でした。

2万8369人の健康男性を調査した別の大規模な研究でも、社会的に孤立している人はそうでない人と比較すると、どの原因による場合も年齢調整後の死亡率が約50％高く、危険因子を調整しても重篤な冠動脈疾患のリスクが80％以上も高いことが見出されました。これらの結果は、社会の中での孤立は心臓死を高めるリスクとなり、社会とのつながり、ひととの交流や触れ合いが、いかに大切かを示しています。

また、がんにおいても、未婚者よりも既婚者の方ががんの罹患率や死亡率が低いという結果や、社会的親密さが少なく心理的ストレスが高い女性では、乳がんを発症しやすいという研究があります。

精神面では、精神的に成長し、成熟するのに必要な愛情が親から与えられていない、または与えられた愛情が歪んだものであったことが、多くの精神疾患の発症の要因となっていることも指摘されています。その理由は、親の適切な愛と保護によって、無意識に自分は愛されているという感覚を持つことで、自己肯定感や内的な安定感が育まれ、子どもの精神の健康を支える基盤となるからです。

愛情の苦悩、そして真の愛とは？

誰もが本当の愛に触れたい、無条件に愛されたいと願っています。けれど多くの人は、本当の愛とは何なのか、無条件の愛とは何なのか、それを手探りしながら生きているといっても過言ではないでしょう。人間関係の悩みの核心が、愛情のもつれや本人の愛情不足によることが多いのもそのためです。

愛情の苦悩の一つに、愛情の飢えがあります。虐待やネグレクト（育児放棄）といった極端な場合だけでなく、親から必要な愛情をもらえない、安定した関わりを与えられない場合、愛情に対する飢えを感じ、その後の私たちの人生に大きく影響していきます。

ひとから十分に愛された経験がないために、ひとをどう愛していいのか、どう愛情を表現していいのかが分からず、人間関係がぎくしゃくしたり、素直に愛情を求めることが困難なため、歪んだ愛情欲求の仕方になって相手を混乱させたりしてしまいます。その結果、周りから満たされない空虚な思いで一杯になって、愛情を受動的に求めたり、相手と一心同体でないと安心できなくなります。

そうなると相手を縛って無意識に愛を奪うために、必死の努力にもかかわらず、望んでいる愛情は得ることができずに、求める愛がないことに落胆します。そして、ひとから見捨てられてしまうことへの不安や期待を裏切られる不安が恐怖に変わり、見捨てられる前に相手を捨てるといった行動を繰り返してしまう……。本当は一対一の愛情あふれる関係性を求めているのに、現実にはそういった関係を築けず、人間関係に疲れ果ててしまうケースが少なくありません。

また逆に、過剰な愛情も問題となります。相手が望んでいるかどうかは関係なく、相手に必要だと思い込んで、愛情の押しつけをしてしまう場合です。これは、相手を自分の思うように支配し独占したいという、身勝手な自己愛（エゴイズム）であり、相手の自由や自主性を損なってしまいます。

親子関係では、この愛の押しつけが過保護や甘やかしとなります。こういった場合には、配偶者との愛情関係に不満があったり、親自身が精神的に自立できていないために、子どもを愛情の依存対象にしていることが隠されています。

では真の愛とはどういうものなのでしょうか？　古今東西、多くの人びとが愛について語ってきました。実際のところ、私たちは真の愛がどういうものであるのかを知るために、人生をかけて学んでいるといっていいのではないでしょうか。

かつて、ある恩師が私にこう教えてくださいました。「愛は理解ではなく体験です。頭で理解した知識はいくら蓄積しても情報にしかすぎません。知識はハートにある愛に触れて初めて智慧になるのです。私たちは智慧深くありたいものです。なぜなら、私たちは愛を体験するために生まれてきたのですから」と。

皆さんは福澤もろというアーティストをご存じでしょうか？　もろさんは、幼少の頃からの数多くの神秘体験を通して宇宙の真理に目覚め、音楽を通して宇宙の真理や愛を伝えておられました。京都のあるお寺を参拝された折に、突然、天から聞こえてきた音楽が「宇宙の唄」です。それに続く楽曲「ホーリーナイト」が完成すると、もろさんは突然、心臓発作で倒れてしまいました。心臓が停止したときの臨死体験で、「ひとのために生きるならば、10年の寿命を与える」と言われ、生き返ることができたそうです。その後、それまで以上にひとの幸せのために歌い続け、13年後に天に召されましたが、その思いは今も多くの方々に引き継がれています。代表曲「宇宙の唄」にはシンプルな中に普遍的な愛のメッセージが込められていますので、ご紹介したいと思います。

＊

「宇宙の唄」　福澤　もろ

夜空仰げば　宇宙が見える
宇宙に星が　またたいている
宇宙に出れば　地球が見える
青く廻った　地球が見える

地球を見れば　海が見える
雲間には身が　キラキラ光る
海を見れば　大地が見える
波の向こうに　大地が見える

大地を見れば　花が咲いている
色とりどりの　花が咲いている
花を見れば　命が見える
いろんな命　息づいている

命を見れば　人が見える
同じ大地に　生きる人が
人を見れば　愛が見える
優しく心に　光る愛が

愛を見れば　自分が見える
夜空仰いだ　自分が見える
宇宙には星　大地には花

人には愛が　愛があればいい
宇宙には星　大地には花
人には愛が　愛があればいい

スピリチュアルヘルスの基本は、自分を愛しひとをまるごと愛すること

真の愛とは、私たち人間が考える愛を超えて、宇宙や大いなるものが私たちに無条件に与えてくれている愛のあり方ではないでしょうか。私たちが生かされているのは、見返りを求めずに、常に生命エネルギーを活性化し、成長を見守っている無条件の大いなる愛があるからです。

宇宙や大いなるものは、愛しているということを意識すらしないで、ただただ愛を与えています。そして、私たちを全面的に受容し、私たちの自由意思を尊重し、私たちが幸せであるように望んでいます。このような愛のあり方を感じ、理解し、実践することが、この世での学びのプロセスであり、いつしか私たちが愛そのものになれる道ではないかと思います。

無条件の大いなる愛のあり方とは、次のようなことを意味しているように思います。

- 愛は、その人の存在そのものを尊重し認めること。
- 愛は、その人の自由と主体性を尊重すること。
- 愛は、その人が自立できるようにサポートすること。

・愛は、その人の精神的成長と、いのちが活性化するように願うこと。
・愛は、見返りを期待しない。
・愛は、その人を愛するために努力するという意思を持ち、行動すること。
・そして、愛することを意識しないで、愛することができるようになること。

「その人」というのは、自分自身と他者との両方を意味します。私たちは自分を本当の意味で愛することができるとき、同じように心から他者を愛することができるようになるのです。自分さえ我慢したらいいという自己犠牲の裏には、自分への評価を失いたくない、自分のイメージを保ちたい、自分の気持ちを表現することや変化を恐れる気持ちが隠されています。こういった本心がある限り、苦痛を招き、関係はやがて破綻してしまいます。

また、一心同体を求める気持ちの裏には、自分と他者との境界である自我境界が曖昧になっていることが隠されています。互いが自立し、一人でも生きていける人間同士が互いの成長を願いながら一緒に生きていこうとすることが健全な愛です。相手がいなければ生きていけない、自分のアイデンティティが定まらないという愛は、過剰な依存という不健全な関係をもたらします。

逆に超自立的に見える場合も、強い依存性が隠されていることがあります。ひとは支え合いながら自立していく存在です。健康的な愛情関係に、健全な依存が見られるのは自然なことなのです。にもかかわらず、甘えてはいけない、ひとに頼ってはいけないという思いの裏には、本当はひとに頼りたい、誰かに支えてほしいという思いがあり、二つの思いの葛藤が見られます。このように、「自立」と「孤立」は違います。

ゆえに、真に自立して、健康的な対人関係を築くには、自分自身への愛が不可欠です。

では、ひとを愛する上で大切なこととは、何でしょうか？

まず最も基本的なことは、相手に対する関心を持つことです。自分への関心が示されるとき、ひとは自分の存在が認められていることを感じます。次に、相手の話を判断せずに、自分の意見を差し挟まずに真っ白な心で聴くことが大切です。自分の立場に立って自分の気持ちに共感して寄り添ってもらえるとき、ひとは受容されていると感じ、心を開いていくのです。アドバイスを与える、特別なことを相手のためにしようとすることよりも、気持ちが寄り添うことが何よりも大切な場合が多いのです。しかしながら、相手に寄り添いながら「聴く」には、とてもエネルギーを必要とします。

なぜなら、全体の話を聴くことは、耳で言葉を聞くだけでなく、言葉以外で発せられるメッセージを聴くことも含まれるからです。つまり姿や行動、眼から発せられる言葉になっていない気持ちやエネルギーの状態やスピリチュアリティを聴くことまでを意味します。優しさと思いやりをもって相手をまるごと聴くことは、全身全霊をかけて相手の存在に寄り添うことになり、その結果、内的な癒しが起こるのです。だからこそ、自分の中に愛のエネルギーがなくてはならず、まず自分自身を愛することが求められるのです。

さらに、相手の成長を願って真剣に関わる勇気を持つことが愛につながります。ひとはいつ捨てられるか分からない不安定な状況の中では、変化することも成長することも困難です。また、成長していくときには、新しい世界観に合った選択、生き方が求められるため、たとえ今までの行動と違う不慣れなことでも、実行しなければなりません。そのとき、自分に真剣に関わってくれている人、心から見守ってくれている人の存在があってこそ、未知の世界への一歩を踏み出せるのです。そして、ひとは心から愛されていることを実感します。

このように、自分自身を愛し、ひともまるごと愛することが、スピリチュアルヘルスの最も基本になるといえます。

Part
4

スピリチュアルヘルス宣言

第7章　科学とスピリチュアリティ

スピリチュアリティと健康についての研究

この章では、少し科学的な観点をふまえた上で、これからのスピリチュアルヘルスについて概観してみたいと思います。

スピリチュアリティが心身の健康に及ぼす医学研究は、2010年5月の時点で、4000件近くあります。それらの研究の結果から、スピリチュアリティが心身のwell-being（健康で幸福な状態）に良好な影響を与えると考えられています。

2006年に発表されたクラプスキー（Krupski）らの研究では、スピリチュアリティと生活の質（QOL）との関係を222人の前立腺がん患者を対象として調査したところ、スピリチュアリティの低い人は高い人に比べて適応が悪く、well-beingの程度も低いことが分かりました。また、宗教やスピリチュアリティがメンタルヘルスにプラスの効果を与えることも指摘されています。宗教的またはスピリチュアルな人では、うつ病や不安などの否定的感情が低く、well-being・楽観主義といった肯定的感情が高いことが見出されています。

また、スピリチュアリティはストレスに対する反応を緩和することを示す多くの研究があります。たとえば、超越瞑想(7)、マインドフルネス瞑想(8)、それらに類似した方法は、ストレスホルモンであるコルチゾール濃度を下げることが見出されています。ストレスにさらされている若者を対象にした別の研究では、自己評価による宗教性、自己評価によるスピリチュアリティ、祈りの頻度の高い人ではストレスにさらされたときのコルチゾールの反応性が低いことが示されました。

スピリチュアリティが心血管疾患に与える研究では、宗教およびスピリチュアルな活動は心血管機能に影響を及ぼす健康的な行動（運動、食事、喫煙など）を健康的なレベルに保つことが見出されています。

また、リッチモンド（Richmond）らが２０００年に、60人のアフリカ系アメリカ人を対象として超越瞑想が頸動脈内膜・中膜肥厚に与える影響を調査した研究では、心血管の状態にも影響を及ぼすことが発見されました。研究開始から6～9カ月後、瞑想を行った人びとでは肥厚が０・０９８㎜有意に低下しましたが、対照群である健康教育を行った人びとでは肥厚が０・０５４㎜増加していました。日本人を対象とした研究では、１７２３人の無作為に抽出された日本人高齢者で3年間の追跡調査を行ったところ、宗教、ストレッサー、健康状態などのインタビューの結果、調査開始時に素晴らしい死後の世界を信じている人は、追跡時の高血圧症の発症が緩和されていました。

さらに、スピリチュアリティと寿命についても驚くべき結果が出ています。１９９７年に発表されたアメラダ研究は、カリフォルニア州バークレーの人口研究所が行ったもので、礼拝出席が死亡率に及ぼす影響の28年間にわたる調査です。５２８６人を調査したこの研究では、礼拝に週1回以上出席していた人では、出席回数の低い人に比べて死亡率が36％低かったのです。さらに、頻繁に出席していた人は、抑うつ状態が軽減する可能性が2・5倍、禁酒する可能性は5倍であることも明らかにされました。しかも、これらの結果は、すべて年齢、性別、教育、健康度自己評価について調整されていました。

これら以外にも、スピリチュアリティが健康にポジティブな影響を与える可能性の高いことを示す研究が数多くあります。こうした研究からも、私たちに肯定的な感情や希望、生きる意味や目的を与えてくれるスピリチュアリティは、well-beingをもたらし、健康増進や疾患の予防につながるのは明らかだと思われます。またスピリチュアリティがもたらす自己肯定感は、心身の病を発症したときには対処できるという思い（自己効力感）を高め、生命が危機にさらされる重篤な状況のときには人生の意義や目的があるという思いをもたらすため、ＱＯＬを高めることにもつながります。

すでに、欧米では、医療の中にスピリチュアルなケアを導入する必要性について検討されています。アメリカの医師に対する調査では、90％以上の医師が、スピリチュアルな因子は健康の重要な要素であると考え、70～82％の医師がスピリチュアリティが患者の健康に影響を与える可能性があり、85％の医師が患者のスピリチュアルな信念に気づくべきであると思っていると回答しました。このことはアメリカの医師のほとんどがスピリチュアリティは健康上、重要で価値あるものと認識していることを示しています。

しかし、医師が実際の臨床現場でスピリチュアルな問題について評価し、積極的に介入することについてはまだ消極的です。とはいうものの、ホリスティックな医療が進んでいる欧米などでは、スピリチュアリティを患者ケアの中に取り入れる必要性についての認識は高まっています。

たとえば、２００６年の時点で、アメリカ、カナダの医学部の70％がスピリチュアリティに関するコースを持つようになり、これらのコースの大部分が学生の必修とされています。また、スピリチュアルヘルスに関する医学部での研究施設の設置や、スピリチュアリティと健康に関するセミナーや学会なども定期的に各地で開かれています。

今後、日本においても、スピリチュアリティやスピリチュアルヘルスについて医療が真剣に関わっていくことが必要になってくるでしょう。

（7）超越瞑想＝1956年、インド人マハリシ・マヘーシュ・ヨーギーにより提唱された、マントラを用いる瞑想法。
（8）マインドフルネス瞑想＝「今」ここへの気づきを促すために呼吸に注意を向ける瞑想法。マサチューセッツ大学のジョン・カバット・ジン博士により宗教色を除外して考案された「マインドフルネスに基づくストレス緩和プログラム（Mindfulness-Based Stress Reduction Program）」は、医療施設などでストレスの軽減、健康増進法として広く行われている。

最先端物理学の目から見えてきたスピリチュアルな世界

かつては、スピリチュアルな世界は科学とは縁のないものと思われてきました。しかし、21世紀に入り、最先端物理学の進展によって、スピリチュアルな世界の解明が始まっています。最先端物理学から見た宇宙の本質が、多くの宗教や古代の文化、秘教的な教えや先住民たちが伝えてきたスピリチュアルな世界観と非常に近いことが分かってきたのです。

古典的な物理学では、ニュートンが木からリンゴが落ちるのを見て「万有引力の法則」を発見したように、自然観察によって物体の運動モデルが導き出されました。宇宙は分け隔てられた物質粒子の集まりで、それらの物質粒子が空間と時間の中で一定の法則に従って運動するという世界観でした。このような機械的物質としての世界観は、物質界の現象を説明するには大いに役立ち、人体も分離された小さな物質の集まりによって構成された機械的に働く物質と見なされてきました。そのため、意識、心、生命といったものは物質世界から排除され、科学と精神やスピリチュアルな世界は分裂してしまいました。宇宙も人間も非生命物質として見なされたのです。

そこに第一のパラダイムシフトを起こしたのは、アルベルト・アインシュタイン（1879～1955）でした。彼は、ニュートン物理学では説明できない、光の奇妙な性質を相対性理論によって解明したのです。有名な公式 $E=mc^2$ は、物質とエネルギーは同一の普遍的実体を表わす、つまり物質はエネルギーであることを意味しています。それはすなわち人間も、身体という質量を持ったエネルギー的存在であるということです。

さらに21世紀に入り、量子物理学の発達によって第二のパラダイムシフトが起きています。量子物理学者たちが発見したことは、これまでの物質粒子が分離された世界とはまったく異なる驚くべき世界でした。宇宙全体は時空を超越し、相互的に関連し合うネットワークのような世界だというのです。

量子物理学では、物質、光、力を最小単位まで分解すると、粒子は物質の性質を失うということが分かりました。最小単位まで分けられた素粒子は量子と呼ばれていますが、この量子は質量、重力、慣性など物質と同じような性質を持っているものの、物質ではなく、粒子のような性質と波動のような性質の二つの側面を持っていることが分かったのです。そして粒子としても波動としてもその姿を現わす量子が宇宙の根源的物質だと考えられています。

量子の奇妙な特質は「非局在性（ノンローカリティー）」と「相関性」にあります。量子は個別に存在していては意味を持たず、すべての粒子と相関していることに意味があります。特定の場所に存在するのでなく、時空を超えて関連するすべての場所に存在し、どんなに離れていても瞬時に関係し合い、いったん接触した量子同士はその後どれだけ離れてもいつまでも互いに影響を及ぼし合うのです。

また、一つひとつの粒子の実在は、周りにある空間や場とエネルギーを交換して実在しているため、存在している場とも切り離すことができないのです。つまり、すべての存在は時空を超えて互いに関係し合い、部分と全体の境界もなく、周囲の場とともにエネルギーに満ちた空間をつくっているということになります。

これは、般若心経《はんにゃしんぎょう》の「色即是空《しきそくぜくう》、空即是色《くうそくぜしき》」の世界を物理的に説き明かしたといえるでしょう。

ホログラフィックな宇宙の構造

これを別の側面から見ると、「部分は全体の構造を含んでいる」ことになります。その実例を、三次元像を記録した写真であるホログラムで確認することができます。ホログラムとは特殊な手段で、二次元で記録された対象物を三次元的に表現するものです。たとえば、リンゴを対象物としてつくられたホログラフィックフィルムにレーザー光を当てると、まるでそこに本物のリンゴがあるかのような立体的な像が得られます。そしてリンゴの像の周りを歩くと、違った角度からリンゴを眺めることもできるのです。しかし、触ろうと手を伸ばすと手はリンゴの像を突き抜け、実際にはリンゴは存在していないことが分かります。

不思議なことに、ホログラフィックフィルムを二つに切り、それぞれにレーザー光を当てても、どちらにも1個のリンゴの全体像が浮かび上がります。さらにホログラフィックフィルムのどの一部分を取り出しても同じようにリンゴの像が得られます。つまり、ホログラフィックフィルムにはどんな小さな一部にも全情報が含まれているのです（図7）。

量子物理学者のデヴィッド・ボームは、宇宙もこのよ

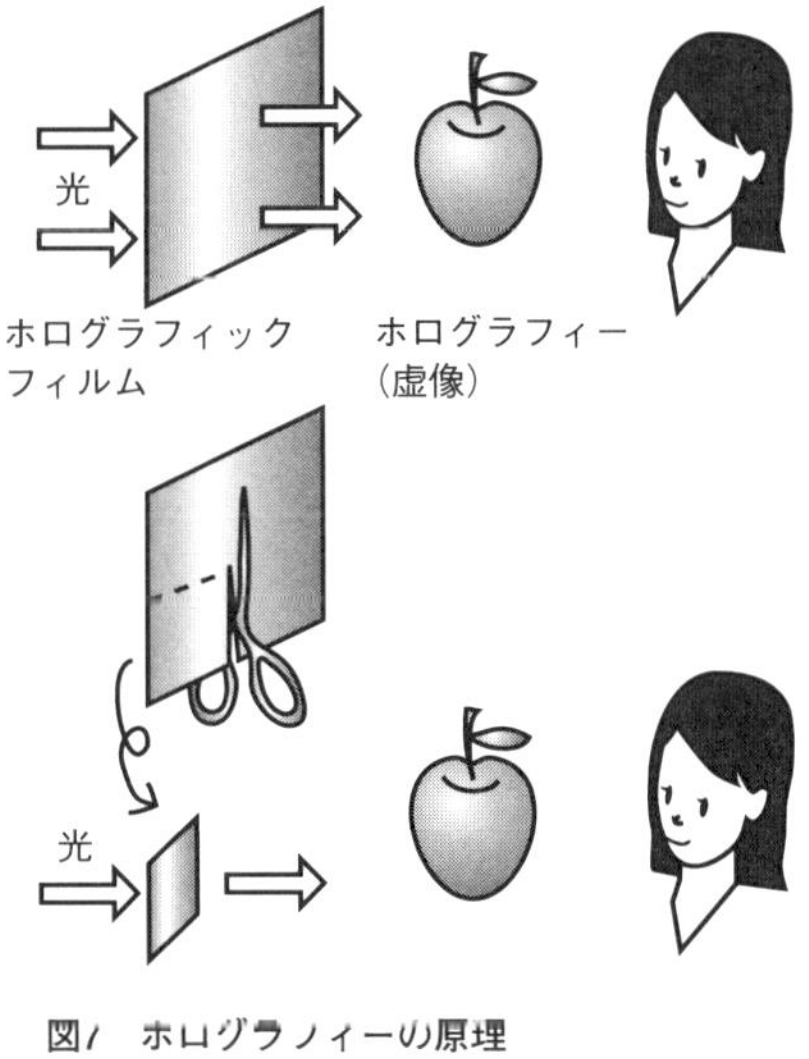

図7　ホログラフィーの原理

うなホログラフィックなものであると考えました。この宇宙のどの部分にも全体に関わる情報があり、すべてのものは分割できない全体の一部で、すべてのものは相互に関係していると考えたのです。

もし宇宙がホログラフィックなものであれば、宇宙の根源物質が非局在的な性質を持つことは何の不思議もありません。であれば、生きているものと生きていないものに分けることには意味はなく、私たちが別々のものだと考えているものの中にも宇宙のすべての情報が含まれることになります。

さらにボームは、生命や意識ですら宇宙のあらゆる部分に包み込まれている総体として考えました。つまり、電子にも岩にも生命や意識は存在することになり、私たちの細胞一つひとつにすら、全宇宙、一切の時空の情報までもが包み込まれていることになるのです。これは、身体はそれ自体がこの大宇宙を雛形《ひながた》とした小さな宇宙であり、大宇宙の秩序や法則を反映しているという中国医学の考え方ととても似ています。

また、最近の先端の物理学で物質や宇宙の成り立ちを追及していくと、この宇宙は空っぽの真空ではなく、無尽蔵のエネルギーに満ちあふれたエネルギーの海であることも分かりました。宇宙の物質のうち、惑星、恒星、銀河といった目に見える部分はたった4％しかなく、23％は暗黒物質（ダークマター）です。残りの73％は未知のダークエネルギーといわれ、量子粒子の揺らぎの場として考えられるのです。

今では、宇宙空間は真空ではなく、ゼロ・ポイント・フィールド（ＺＰＦ）と呼ばれる根源的なエネルギーの場としてとらえられるようにもなりました。ＺＰＦとは量子レベルにおける「モノとモノの間の空間における微細な振動の海」のことで、この量子世界の揺らぎによって粒子の生成と消滅が繰り返され、その運動は波動を持ち、波動は共鳴効果を生み、万物がその共鳴によってつながっているという考え方です。

そして、宇宙のあらゆる物質、粒子は、ゼロ・ポイント・フィールドとエネルギーを交換し合って存在しているといわれています。たとえば、地球が失速せずに安定して太陽の周りを回り続けることができるのも、ゼロ・ポイント・フィールドからのエネルギー補給の上に成り立っているからと考えられるのです。

科学とスピリチュアリティは意識において融合する

ゼロ・ポイント・フィールドは超高密度のエネルギー場であるだけでなく、光、エネルギー、圧力、音などを宇宙の端から端まで伝播する超流動的な性質も持ち、すべての粒子を結びつけています。宇宙は無尽蔵なエネルギーの場であり、すべての物質はこのエネルギー場から生まれエネルギー場へ帰っていくということの考え方は、中国医学の気やインド医学のプラーナの考え方とよく似ています。そして、原初のエネルギーの海であるゼロ・ポイント・フィールドは、インド哲学でいう「アーカーシャ（虚空《こくう》）」や仏教でいう「無」に非常に近いといえます。

また、ゼロ・ポイント・フィールドは、スーパーコンピュータのハードディスクのように情報の海であるとも考えられています。そこに含まれるある粒子に動きが生じると、その変化はエネルギーの海に保存されます。同時にその粒子が移動して二つ以上の波がつくられると、その波によってつくられる干渉波がホログラムとなり同種の粒子全体の情報として保存されます。

つまり、個々の粒子の情報と粒子の集合の情報は一度に保存され、それらの情報は発生した場所に関係なく、関わりのあるすべての場所に分布するのです。このようにゼロ・ポイント・フィールドが、宇宙の記憶のホログラフィックな情報場でもあると考えた物理学者のアーヴィン・ラズローは、この情報場のことをインド哲学のアカシックレコードにちなんでAフィールドと名付けました。Aフィールドは精神の生成の場でもあり、あらゆる情報が刻み込まれていると考えられるのです。

アカシックレコードは、インド哲学で「全宇宙や人類の過去、未来のすべての情報の記録のこと」を意味します。これは、卓越した超能力者や聖人といわれるような人びとならばアクセスできる意識の高次の次元と考えられ、預言者といわれる人びとはここの情報を預言として伝えてきたといわれています。こうして考えると、カール・グスタフ・ユング（1875〜1961）の唱えた「集合的無意識」も、人類全体の無意識の集合した情報として、宇宙が包括しているととらえることが可能になります。

このように、ボームやラズローなどの最先端の物理学者たちは、非局在性、位相関係、ホログラフィック理論、最新の量子的概念といった観点から、宇宙はホログラフィックであり、意識も宇宙のあらゆる部分に包み込まれているととらえました。それをふまえて、意識は目に見えないエネルギーであり、人間の意識は現実に影響を及ぼす力があることも科学的に研究されています。

一方、スピリチュアルな伝統文化を継承している人たちも、同じような意識の世界を体現しています。先住民のメディスンマンやシャーマンと呼ばれている人たちは、薬草や聖なる儀式などを通してトランス状態になり、意識の別の次元に入ります。そこで、病気治療に必要な情報や宇宙の成り立ちに関することなどさまざまな情報にアクセスして癒しを施したり、あるいは遠く離れた人びとに遠隔治療を行ったり、鉱物や動物たちともコミュニケーションを図ってきました。

オーストラリアのアボリジニの人びとは、そばにいる人であっても、遠く離れた人とであっても、テレパシーによってコミュニケーションをしているといわれます。このようなトランスパーソナルなつながりは、私たちが宇宙のエネルギーフィールドと結びつき、情報を交換し合っているからこそ可能になるのではないでしょうか。

現代の最先端物理学は、多くの宗教や先住民たちのスピリチュアルな世界観を裏付けるような知見をもたらしました。すなわち、「すべての存在は宇宙の原初のエネルギーフィールドから生まれ、情報つまり意識と物質の側面を持ち、またエネルギーフィールドに戻るといった循環を繰り返している」「すべての存在は互いに結びついていて、自己と非自己の分離は本来なく、すべての存在、時空と共鳴している」という世界観です。

その結果、今まで私たちが信じてきたニュートン的世界観は土台から覆されようとしています。そして、この古くて新しい世界観は、「私たちがどこから来て、どこへ行くのか？」「私たちは本来どのような存在であるのか？」といった根源的な疑問にも答えを投げかけています。

科学で説明がつかないがゆえに、これまで非科学、オカルトというレッテルを貼られてきたスピリチュアルな世界は、極微の量子の世界を扱う先端物理学の発展によって、ようやく解明がなされようとしています。

科学がさらなる発達を遂げれば、やがて科学とスピリチュアリティの壁は消滅し、物質と精神性に分離された二元論の世界から、すべてはつながり共鳴し合っているワンネスの世界へと、人びとの意識も広がっていくことでしょう。

第2章　微細なエネルギーが身体と心を変える

人体の微細なエネルギーシステム

量子論の登場によって、従来の唯物的で機械論的な生命観が鳴りをひそめ、微細なエネルギー作用をふまえた新たな生命観や健康観が求められています。

これまでの医学では、人間の身体は物質であり、人間の生理的、心理的な活動は肉体や脳といった物質における変化ととらえてきました。しかし、最先端の量子物理学が示すように、あらゆる物質がエネルギーの側面を持つならば、人間もまたエネルギー的存在であり、エネルギーの不調が健康を損なうという考え方は、きわめて妥当なものになります。

身体を流れる微細なエネルギーについては、すでにアーユルヴェーダ（インド医学）、中国医学、チベット医学などの伝統医学や、アントロポゾフィー医学、神智学[9]といった秘教的な教えの中で扱われてきました。それらの教えでは、人体を流れるエネルギーの流れを「ナディ」や「経絡」、エネルギーセンターは「チャクラ」、人体を取り巻くエネルギーフィールドは「オーラ」と呼ばれています。

「あの人はオーラがある」などという表現がありますが、それはその人のエネルギーフィールドが明るく輝き、大きいことを意味しています。では、人体はどのようなエネルギーシステムを持っているのでしょうか？

ナディや経絡は、血管、リンパ管、神経のように全身を流れるエネルギーの微細管です。経絡は14の気の流れる経絡で、それぞれ特定の臓器と結びついており、経絡を流れる「気」の流れの乱れが臓器の不調となると考えられています（図8）。

気は生命力の源で、先天的に親からもらったもの、食べ物、呼吸、自然などから取り入れられます。また、気は感情とも結びついていて、たとえば、怒りを蓄積すると肝臓の気の乱れとなり、悲しみは肺、恐れの感情は腎臓など、各臓器は特定の感情と関連していると考えられています。

アーユルヴェーダの中に出てくるナディは、微細なエネルギーでできている微小管で、神経に並行して走行しているといわれ、網の目のように全身に張りめぐらされているエネルギーのネットリークのようなものです。人間には、7万2千本ものナディがあり、チャクラから取り入れられたエネルギーがナディを伝わって身体に供給されると考えられています。

チャクラという言葉はサンスクリット語の「輪」を意味しています。その形が車輪のような、お花のような形をしているところからチャクラと呼ばれるようになりました。チャクラは、外界から高次のエネルギーを体内へ取り入れ、肉体に生命を吹き込み、対応する臓器へ供給しています。また、体内のエネルギーを外界のエネルギー環境へ放散する働きも持ち、体内と外界とのエネルギー交換の役割を果たしています。

物質的身体に関わるチャクラは、主に七つあるといわれていて、それらは、背骨の基底部か

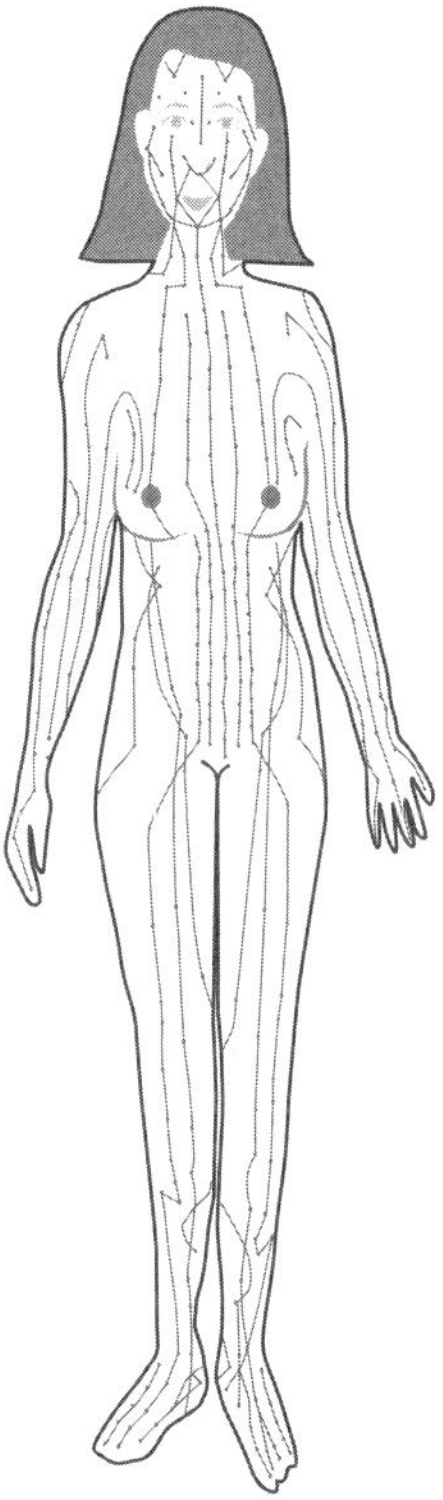

図8 ツボと経絡

ら頭頂へ向かう脊髄に沿って、並んでいます（図9）。その他の主なものは、両方の手のひらと足の裏、後頭部にあるチャクラ、体外では頭の上方と足の下方にもあり、すべて合わせると360個ものチャクラがあるといわれています。チャクラはそれぞれが異なった速度で回転するため違った波長の光を発し、異なる色をしています。その色は虹の色と同じで、根のチャクラから頭頂のチャクラまで、赤、オレンジ、黄色、緑、青、紺またはインディゴ、白と変化します。

大小それぞれのチャクラは、身体面では主要な神経系や内分泌腺と関連しています（図10）。チャクラから取り入れられたエネルギーがエーテル体に流れ込み、ナディを通して肉体に供給されると脳や神経系が活性化され、内分泌腺を刺激してホルモンの産生を促します。ホルモンの作用は内分泌腺へとフィードバックされ、その情報が神経系やエーテル体を介してエネルギー体へ伝達されます。

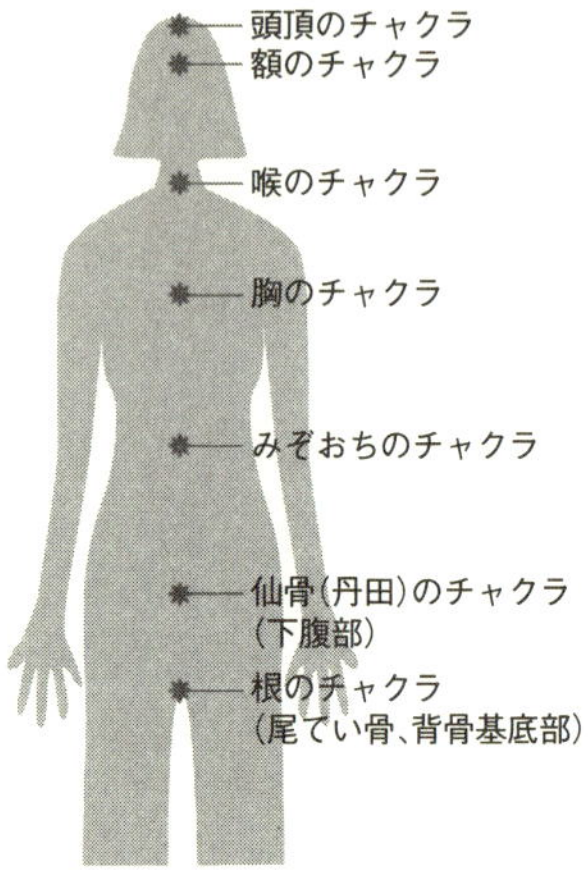

図9　チャクラ

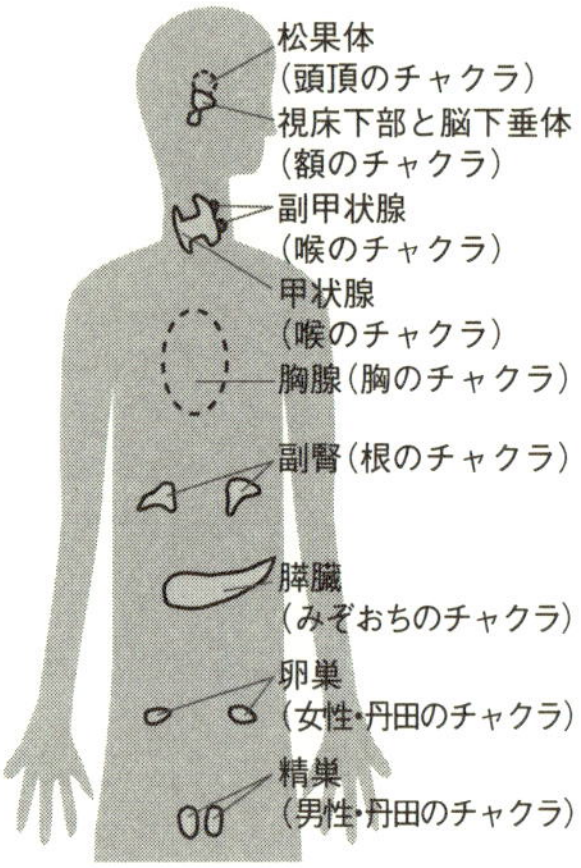

図10　チャクラと内分泌腺の関係

（9）神智学＝1875年にエレナ・ペトロヴナ・ブラヴァツキー（1831〜91／呼称ブラヴァツキー夫人）を中心として設立された神智学協会で体系化された秘教的な思想哲学。

チャクラとオーラの働き

チャクラは、生まれたときは基本的な働きや形を持っていますが、まだ未熟な状態です。身体が成長するように、根のチャクラ、次に仙骨（丹田）のチャクラ、次にみぞおちのチャクラへというように順次発達して、30歳頃までに七つの主なチャクラは成熟するといわれています。

チャクラは意識の状態と関連し、それぞれのチャクラによってスピリチュアルな特性が異なり、対応する感情が生まれてきます。スピリチュアルな特性を成熟させるためには、分離を表わす二極性の統一と調和が図られる必要があります。

たとえば、自分の欠点を恥ずかしく思い、そのために自分には価値がないと思う気持ちと、逆にちょっとできるようになると自信過剰から利己的になる気持ちの両方を体験することがあります。いずれにしても、周りからの評価を気にして他者と比較することから、二つの相反する気持ちの間で揺れ動いているのです。

しかし、他者との比較ではなく、真の自分の価値を自分自身が認めることができれば、二つの極に翻弄される必要はなくなります。このように、それぞれのテーマを学び、意識を進化させていくことでチャクラが活性化していきます（表1）。

場所	感情	働き	テーマ	学び
頭頂	平安ー絶望	在る	Oneness	自意識
額	洞察力ー混乱	実現する	直感	自己責任
喉	自由ー頑固さ	表現する	変化	自己表現
胸	喜びー悲しみ	愛する	愛	自己愛
みぞおち	自信ー怒り・罪悪感・恥	信頼する	評価	自己評価
仙骨(丹田)	自立ー依存・所有	尊重する	関係性	自尊心
根	安全ー恐れ	認める	生存・力	自覚

表1　チャクラと意識の進化

各チャクラの働きが活性化され、魂のエネルギーと調和すれば、チャクラというエネルギーの花が大きく開花していきます。しかし、成熟するまでの間に心理的なトラウマが生じ、その発達段階に相当するチャクラの発達が未熟になったり損傷を受けると、チャクラの機能不全に陥り心身の不調の要因になります。

オーラは見えなくても、誰でも感じることができます。誰かがあなたに近づいてきたとき、圧迫される感じがしたり、侵入されてくるような感じがしたことはありませんか？

これは、あなたのパーソナルスペースに異質なものが入ってきたのを感じるためで、このパーソナルスペースがあなたのオーラです。オーラは、エネルギー体とも、エネルギーフィールドとも呼ばれます。虹がその色の周波数によって七つに分けられるように、またピアノの鍵盤が「ド」から「シ」まであるように、人間のエネルギーフィールドもその周波数によって主に七つの層に分けられるといわれています。

周波数の違いによって、分けられた主な七つの層は、次のように呼ばれています（図11）。肉体以外は目に見えないために微細なエネルギーボディとも呼ばれていますが、それぞれの層にははっきりとした境界があるのではなく、渾然一体となっているようです。それぞれの層はそれぞれのレベルに

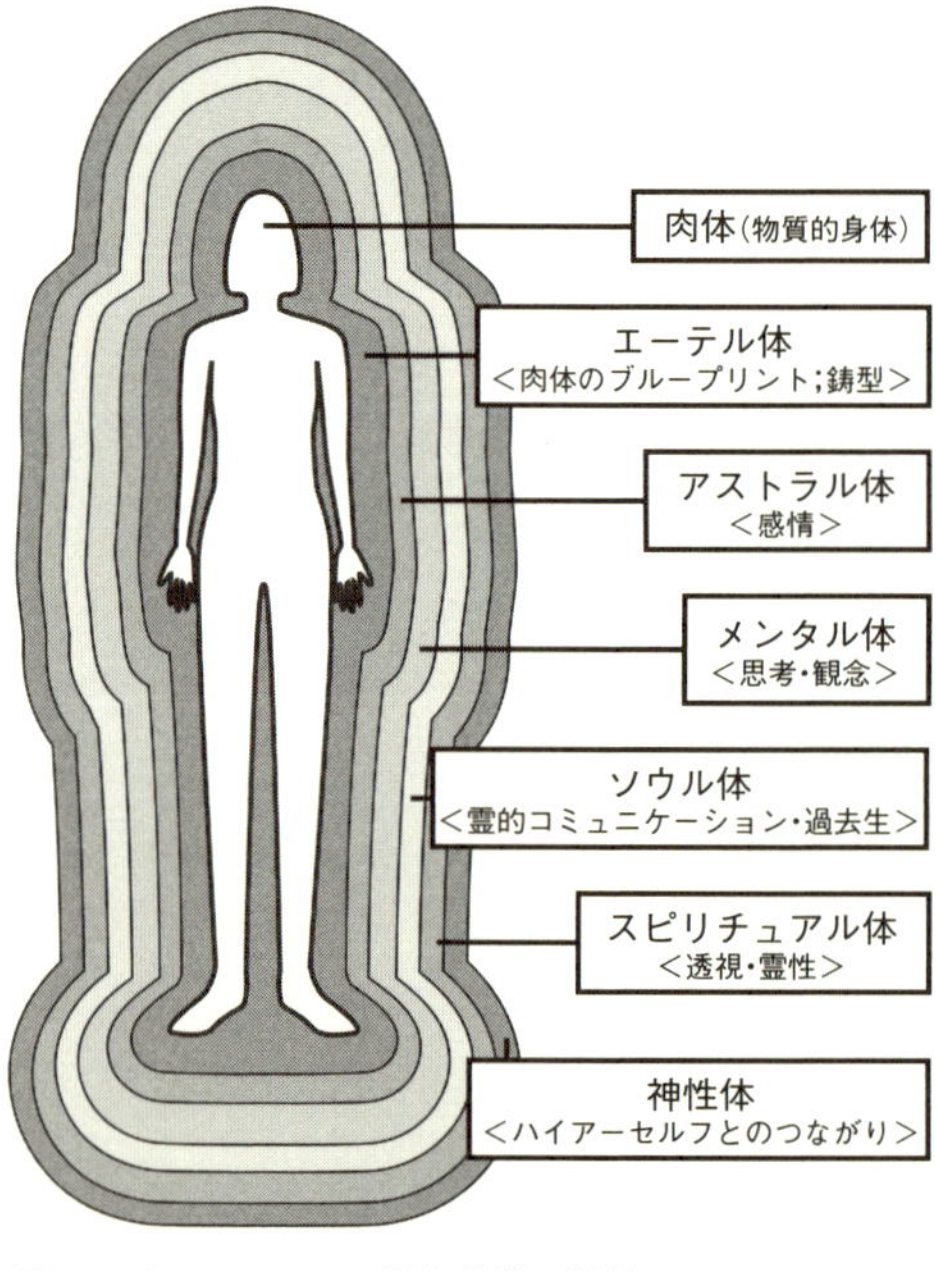

図11　オーラの七つの層と意識の関係

応じた意識を司り、意識の広がりに伴ってオーラも広がっていきます。

エネルギー医学とその科学的検証

人間がエネルギー的存在であることは、量子物理学的な観点からだけではなく、気やプラーナ、オーラやエネルギーヒーリングの効果などの研究によって医学的にも検証されてきました。このような人間のエネルギーシステムに働きかける医学は、「エネルギー医学」と呼ばれています。アメリカ国立補完代替医療センター（ＮＣＣＡＭ）では、代替医療を五つのカテゴリーに分けていますが、その一つがエネルギー医学となっています。

エネルギー医学は、１９３０～50年代、エール大学医学部教授であったハロルド・サクソン・バールによる生体エネルギー研究が先がけとなりました。バールは生物磁場の計測を行い、あらゆる生命形態が電磁場を持っていることを突き止め、この電磁場が生物の新陳代謝、成長、形態発生をコントロールする機能を持っていることを証明しました。

同じ頃、ロシアでは、キルリアン夫妻が物体を取り巻く電磁場の写真の撮影に成功しました。これが有名なキルリアン写真です。夫妻は写真だけでなく、電磁場の変化を観察できる光学器械を開発しました。１枚の葉から現われる、揺らめく炎のような光の現象は、多くの研究者を触発し、生体電磁場に関する多くの研究がなされました。

それらの研究の結果、興味深いことに電磁場は、身体や感情の変化と相関して変化することが見出されました。たとえば、精神的・肉体的に弱っている人から放射される光の大きさや色が通常と異なり、病気に罹った葉や弱った葉からの光は輝きを失い、枯れていくにしたがい光の放射は減り、枯れると放射がまったくなくなっていくのです。

またスタンフォード大学のウイリアム・A・ティラーは、電磁場と精神状態の関係についての研究を行いました。統合失調症とアルコール中毒患者を二群に分けて、治療前後のキルリアン写真を比較しました。治療前の写真は治療に成功した群でも成功しなかった群でも同様に光はほとんどない状態でしたが、治療に成功し完治した患者群では、治療後のキルリアン写真では、エネルギーの強さが増し、模様が濃くなっていることが認められました。

このことは呼吸器感染症の患者においても同様の結果でした。さらに患者の感情を変化させて写真を撮影すると、感情の変化に応じて放射される光の模様が変化することも認められました。これらの研究は、私たちはエネルギーフィールドを持った存在であり、そのエネルギーの状態は健康や感情の状態を反映していることを示しています。

その後も、チャクラや経絡に関する研究やエネルギーヒーリングの効果についての研究が相次いで報告されています。国際宗教・超心理学会（ＩＡＲＰ）の本山博は、チャクラからの静電場エネルギーの放出を検出し、この結果はイツアック・ベントフによって追試され同様の結果が得られました。

また、カリフォルニア大学のヴァレリー・ハントも、１９７７年にチャクラの生体電場エネルギーが通常の人体から発する値よりはるかに高いことを発見しました。このとき、ロルフィングという手技の効果を探るために、筋電図変化を調べた際、ロザリン・Ｌ・ブリュエールという透視能力を持つヒーラーの協力を得て、オーラの変化についても調査されました。その結果、ブリュエールの観察するオーラの変化が筋電図の変化とまったく相関したことが報告されています。

エネルギーヒーリングの効果については、1960年のバーナード・グラッドによる研究が知られていて、それによると、ヒーリング群マウスでの甲状腺腫の増大速度の低下や皮膚創傷治癒促進が認められ、その後、1967年にヒーリング下での食塩水処理種子の発芽率の増加なども認められています。

ヒーリング処理をした水は、赤外線スペクトル分析の結果、水の分子構造が微妙に変化していました。逆に、うつ病患者に水を入れた容器をしばらく持たせると、その水は発芽を抑制したのです。ヒーリング処理を受けた水の分子構造が変化することは、ダグラス・ディーンとエドワード・ブレームやスティーブン・シュワルツとエドワード・ブレームらの研究で正しかったことが確認されています。

エネルギー療法は医学のパラダイムシフトを起こす

エネルギーヒーリングについては、効果があったとする研究もある一方で、有効性や働きについて疑問視する研究もあり、一般的には医学界ではまだ十分認知されていません。その理由は、現代の科学ではエネルギーや意識といった目に見えない量子的存在の変化を測定するのが困難なことに加えて、「肉体（物質）と意識を持ったエネルギー的存在としての人間」という新しい概念が、多くの医師や医学研究者たちにとって受け入れ難いためです。

しかし、量子物理学が従来の物理学の概念を根底から覆し、科学を変える大きなパラダイムシフトとなろうとしていることは明らかです。この変化の波は、いずれ遠からず医学にも影響を及ぼすでしょう。

量子物理学の概念を実証する研究結果が生まれているように、いずれ人体のエネルギーシステムが検証、解明され、エネルギー医学は機械論に基づいた従来の医学にパラダイムシフトをもたらす可能性を秘めています。そして、医学を飛躍的に発展させ、生命の根源は何か、健康は何かといった問いに答えてくれるのではないでしょうか。

エネルギー療法は、人類はじまって以来用いられてきた自然療法といっても過言ではありません。たとえば、どのような部族、文化圏でも行われてきた手当て療法、今でいうハンドヒーリングは最も原初的なエネルギー療法といえます。

インド医学、中国医学、チベット医学といった伝統医学も代表的なエネルギー療法で、その効果は経験的に実証されてきました。また、現代では、シュタイナーによって提唱されたアントロポゾフィー医学をはじめとして、ホメオパシーやフラワーエッセンス、いわゆるエネルギーヒーリング、カラーセラピーやクリスタルヒーリング、スピリチュアルヒーリングを用いた療法などが行われています。

皆さんおなじみのヨガや気功、瞑想や呼吸法にしても、その本質は鍼灸《しんきゅう》などと同じように、気やプラーナを取り入れ、エネルギー体を活性化するセルフケアとしてのエネルギー療法です。また他にも、レイキ（Reiki）、セラピューティックタッチ、ヒーリングタッチ、クォンタムタッチ、シータヒーリングなど、さまざまなエネルギーヒーリングの方法が生み出され、なかには補助的に医療の現場で導入されているものもあります。

私は、種々のヒーリングをクライアントとして体験し、またレイキやカイロンヒーリング(10)を学びました。その中で初めてのヒーリング体験は忘れられないものでした。それはレイキの初めての実習で、初対面の女性に施術をさせてもらったときのことです。

その女性の頭からお腹、太ももへと手を移動させ、膝と脛《すね》に手を置いたときでした。突然、深い悲しみが私の心に押し寄せ、涙が流れて止まらなくなったのです。私は自分に何が起こっているのか分かりませんでした。数分しても泣きやまない私に対して、先生は「自分のものでない感情なら手放しなさい」と諭しました。とそのとき、それが自分の悲しみではなく、彼女の嘆きのエネルギーであることに気づいたのです。

施術後、彼女は突然泣きだして、自分のつらかった体験を語りはじめました。「2カ月前に、私の妹が流産したの。長年、子どもをほしがっていて、初めての妊娠だった。看護師の私は大好きな妹のことを慰めてきたの。でも、同じ女性としてこんな悲しいことはなかった。自分の悲しみをこらえて明るく妹に接していたけど、一人になると誰にもいえずに泣いていたの。足首に痛みを覚えていたのもこのことだったのね。レイキをしてもらって良かった。これで悲しみを癒すことができそうに感じる」と教えてくれました。

身体に触れただけで、その人の心の奥に隠されている感情が伝わることや、「人体のエネルギーが動くと癒しが起こる」と本に書いてあったことが嘘ではなかったと実感したのです。これらのエネルギーヒーリングに関しては、前述したロザリン・L・ブリュエール、バーバラ・アン・ブレナン、ブレンダ・デーヴィス、ベティ・シャインといった優れたヒーラーたちがその実際や体験を本に記しています。

近年、とくに注目されているホメオパシーやフラワーエッセンス、クリスタルヒーリングなどは、植物や鉱物などの自然界のエネルギーを人体に与えることでエネルギー調整する、エネルギー医学における薬（自然薬）のようなものです。

これらが西洋医学の薬と違うのは、エネルギー体に働きかけることで、高次のレベルから肉体に作用することができる、つまり、病の根源となっている要因に働きかけ、エネルギーフィールドを健全な状態に戻すことにあります。

もちろん、植物や鉱物だけでなく、色や音も特定の周波数を持っています。そのため、カラーヒーリングや音楽療法などによってもエネルギーフィールドに直接働きかけ、足りない周波数のエネルギーを補うことができます。それぞれの色や音はチャクラと対応し、チャクラの活性化にも役立ちます。

それぞれのエネルギー療法によって、主に作用するエネルギー体の範囲が異なると考えられています。鍼《はり》や指圧のように経絡に作用するものは、主にエーテル体に作用します。ホメオパシーはそのポテンシー（希釈率）によって異なりますが、肉体から主にメンタル体まで、フラワーエッセンスやクリスタルはより微細な高次のエネルギー体まで影響するといわれています。また、スピリチュアルヒーリングと呼ばれるものは、高次の意識体（霊的ガイドやスピリチュアルな存在）を通して施術されるもので、肉体から高次のエネルギー体まで影響を及ぼします。

このようなエネルギー療法が、医療の現場において臨床を重ね、さらに研究が進むことで、医学のパラダイムシフトを起こす駆動力となる可能性は十分にあるでしょう。

(10) カイロンヒーリング＝ギリシャ神話のヒーラー、カイロン（キロン）に由来するエネルギーヒーリングの方法。

第3章　ホメオパシー

バイタルフォースを高めるホメオパシーとは？

エネルギー療法の可能性について知っていただくために、私が診療に用いているホメオパシーやフラワーレメディについて、少し詳しく述べてみたいと思います。

ホメオパシーは、1796年にドイツ人医師のサミュエル・ハーネマン（1755〜1843）によって編み出された治療法で、ホメオパシーという言葉は、ギリシャ語の「同じようなもの」を意味する「homios」と「苦しみ、病」を意味する「pathos」に由来します。人間の持つ自然治癒力に働きかけ、身体、心、スピリットをトータルに癒すホリスティックな医療、エネルギー的な補完代替療法として、欧米、インド、中南米諸国で広く普及しています。

ハーネマンは、当時の西洋医学が行っていた瀉血《しゃけつ》、強力な下剤や毒物を投与するなどの、病人を傷つけ、衰弱させてしまうような治療法に幻滅し、医師としての仕事を続けることをあきらめました。そして、7カ国語以上の語学の達人であったことから医薬本の翻訳で生計を立てるようになりました。

スコットランドの医師ウィリアム・カランの『薬物書』を翻訳していたとき、キナの木の皮がマラリアに効くのは、その苦い味のためと書かれていた記述を見つけました。しかし、苦い味のために効くという理由に納得いかず、自らキナ皮の抽出液を服用しました。すると、発熱、悪寒、脱力感といったマラリアとそっくり同じ症状が現われたのです。

ハーネマンは同じ実験を7回繰り返し、7回とも同じ結果になることを確かめ、「似たものが似たものを治す」ことに気づいたのです。この「類似の原則」は、ハーネマン以前から存在し、紀元前400年頃、ギリシャの医学の父と呼ばれたヒポクラテス、16世紀のスイスの医師のパラケルスス（1493〜1541）もこの法則について書き記していました。

ハーネマンは、キナがマラリアに効果があるならば、健康人に症状を引き起こす物質であれば、病気の人に現われる同じ症状を治すことができ、治療に使えるのではないかと考えました。そこで、自分自身や家族、健康な友人や学生が被験者となって、さまざまな薬や物質を服用し、その身体的、感情的、精神的な作用を記録する研究を始めました。

このプルービングと呼ばれる実証を繰り返し、作用の分かった物質を多くの疾患の治療に用いたところ見事な成果をあげ、「類似の原則」を確信しました。さらにハーネマンは、薬物の持つ毒性（副作用）を軽減するために、薬物を水とアルコールの混合液で希釈し、振盪《しんとう》を加えました。振盪というのは激しく上下に振る作業です。希釈率はアボガドロ数（6・022×10の23乗）を超えるレベルまで高められ、そこでハーネマンは薬物を希釈すればするほど効果が増すことを発見し、「類似の原則」に「微量投与」を加えてホメオパシーを確立したのです。

ホメオパシーではレメディと呼ばれる薬を使って、さまざまな心身の不調や病気に対応します。レメディの原材料は、植物、鉱物、動物など自然界にあるものです。基本的なレメディの作り方は、原材料から抽出した母液を水とアルコールの混合液で100倍に希釈（薄める）し、100回振盪します。この希釈と振盪を何十回、何百回と繰り返し、超微量にまで薄めたものがレメディになります。

多くの場合、その成分を解析してもほとんど原材料の分子は検出されないほどです。ホメオパシーのレメディは、一般に受け入れられている薬理学で、薬物の量が多いほど薬理効果が高いと考えられているのとまったく反対であるばかりか、薬理効果を表わすのに必要な分子すら含まれていないのです。

従来の薬理学では効果があるとまったく考えられないようなホメオパシーのレメディに、なぜ効果があるのでしょう？

ホメオパシーでは、水に伝達された原材料の性質（エネルギー）が振盪することで高められ、身体の微細なエネルギーに作用すると考えられています。このことを、ハーネマンは「天然物質の中にある、それまで眠るように隠されていた潜在的な力が発現し、覚醒されて途方もなく活性化されるからだ」と述べています。

ハーネマンは実験と観察を繰り返した結果から、すべての物質にエネルギーがあり、希釈、振盪することでそのエネルギーを活性化し治療に使えることを見出しました。つまりレメディは物質としてではなく、エネルギーとして身体に作用しているわけです。

したがって、レメディが作用する疾患もまたエネルギーの次元の乱れと考えられ、ハーネマンは、「病気とは人間の生命エネルギーの乱れである」と結論づけました。そして、このいのちと健康のもとになるエネルギーを「バイタルフォース」（Vital force=生命力）と名づけ、『オルガノン』という著書の中でこう説明しています。

「人間の健康な状態では、肉体を活気づける力であるバイタルフォースが限りなく強い影響力をもって支配し、感覚と身体機能の両面について、有機体の各部位を良好で、調和がとれ、活気に満ちた状態に保っているので、その中に住む理性ある魂が、その存在のより崇高な目的を達成するために、この生きた健康な器を自由に活用することができる」

感情や無意識のエネルギーレベルへの働きかけ

健康な状態であれば、病原体や毒物などの外因性のストレスや、怒りや悲しみといった内因性のストレスに対して、バイタルフォースが防御機構として働いて健康を維持することができます。しかし、その人のバイタルフォースを超えるストレスにさらされたとき、バイタルフォースは乱れ、エネルギーのバランスが崩れます。

この状態は人間の目には見ることはできませんが、エネルギーの乱れた状態が長期にわたると、最終的に物質である肉体の変化を起こし、病気となってしまいます。ですから、健康を取り戻すためには、物質としての肉体に直接働きかけるよりも、まず、防衛機構が正常に働くように有益なエネルギー刺激を与えて原因となっているバイタルフォースの乱れを修正し、バイタルフォースを高めてストレスや病気に対する治癒力を増進させることが重要であると考えられるのです。

量子物理学では、物質の最小単位である量子は粒子の性質と波動、つまりエネルギーの性質を持つことから、人間もまたエネルギー的存在といえます。その点、ハーネマンの考えたバイタルフォースやホメオパシーの理論は、現代の物理学を先取りしたものといえるでしょう。

ホメオパシーではどんな疾患でも、身体の状態だけでなく、感情や心理面の状態について詳しく問診をとります。それは、その人の全体を十分理解し、病気のエネルギーパターンの特性をとらえることが、最も共鳴するエネルギー特性を持つレメディを選択することに役立つからです。

従来の医療では、たとえば風邪の場合、原因となっている病原体を殺す抗生物質、熱を下げる解熱剤、鼻水を止める抗ヒスタミン薬、咳止め、薬の胃への副作用を緩和するために胃薬が処方されます。しかし、伝統的なホメオパシーでは、その風邪の症状と同じエネルギーパターンを持つ一種類のレメディを投与するだけです。

同様にうつ病であれば、抗うつ剤、抗不安薬、睡眠薬などの投与ではなく、ホメオパシーの場合は、どんな不安なのか、もともとの性格や行動パターンはどうなのか、身体症状はどうなのかを問診し、その人の全体像を理解した上で一つのレメディを選択します。レメディを選択する際には、その人のバイタルフォースの強さやもともとの体質がどうなのかも考慮され、オーダーメイドの治療ということになります。

ホメオパシーはさまざまなエネルギーレベルに働きかけることができるため、身体の症状のみならず、感情の問題や精神的な症状にも効果があります。一例をあげましょう。

30代のGさんは、10年近くパニック障害で悩まされてきました。薬なしでは外出することはできず、服薬してもバスに乗ったり、一人で繁華街に出かけることはできませんでした。それが、ホメオパシーを服薬するようになって、1～2カ月で薬なしでも外出でき、一人でバスや電車に乗って繁華街に出かけられるようになりました。

Gさんは両親との間に大きな葛藤を抱えていました。子どもの頃から虐待を受けていたのです。それでも両親に愛されたかったGさんは、自分の気持ちを抑えて両親の思いに沿うように生きてきました。そして就職のストレスが重なったとき、ついにパニック障害が起きたのです。

当初、Gさんは両親とのことが病気に関係しているとは感じていませんでした。しかし、薬を飲んでも治らない、幸せな結婚をしても治らない症状には、自分の気づいていない何かが影響していると思うようになりました。身体の症状が良くなってきたところで、Gさんの背景にある両親との葛藤や悲しみに働きかける別のレメディを服用しはじめると、Gさんの両親への気持ちが変化していました。カウンセリングも行いながら、Gさんは抑えていた怒りや悲しみを受けとめ、そしてそれを解放していきました。

気持ちの変化とともに、薬はまったく不要になり、周囲からはひとが変わったように明るくなったといわれるようになりました。ホメオパシーなしでも症状が出なくなったとき、「両親のことはもう過去のことと思える。これからは自分の人生を生きたい」と言われて、治療は終了しました。

このように、ホメオパシーは身体症状のみならず、感情や無意識のレベルの問題にも効果を示します。これは、歪んだエネルギーパターンが改善されるとバイタルフォースが高まって体質が改善されるように、精神面においても本来のその人にとって健全な状態がもたらされるということです。

また、無意識のレベルに働きかけ、葛藤や抑圧した感情の解放が無理なく行われていくため、身体、感情面が癒され、その人の生き方がその人らしいものに変容していくための、スピリチュアルな手助けができるのもホメオパシーの効用と考えられます。

こういったように、ホメオパシーにはさまざまな効用が見られますが、ホメオパシーを安全かつ有効に使うことは簡単なことではありません。ホメオパシーを処方する際には、その人の症状はじめ、全体性を十分理解した上でレメディを選択し、症状や病状の変化を観察してレメディの効果を判定し、必要であればより適切なレメディに変更していくことが必要になります。

そのため、まず病気に対する十分な医学的知識や理解、患者さんの全体性を理解する姿勢と技術、何百種類ともいわれるレメディに対する十分な知識が必要となります。その上でホメオパシーの経験を蓄積することによって、安全で有効なホメオパシーの処方ができるようになるのです。医師として独り立ちできるようになるまでに、長年の医学教育と経験が必要であるのと同様に、ホメオパシーを行うときも同様のことが必要となるのです。

現代医学とエネルギー医学の懸け橋になりうる存在

フラワーエッセンスは、ホメオパシーと同様にエネルギー療法の一つで、医師でホメオパスでもあったエドワード・バッチ博士によって確立されました。フラワーエッセンスは、花の微細エネルギーを投与する治療法ですが、意識のより高いレベルに働きかけるといわれています。

バッチは細菌感染症の専門医でした。彼は、腸の感染症の治療法を研究する中で病原体によって引き起こされる病であっても、感情やパーソナリティーがその人の罹りやすい病気の傾向を決めていることに気づきました。そして、病は微細なエネルギーボディのアンバランスによって起こると考えました。

つまり、高次のエネルギーである「ハイアーセルフ（魂）と、低次のエネルギーであるパーソナリティーの不調和の結果が肉体に影響を及ぼす」と考えたのです。したがって、病気の前兆となる情動因子を修正することで、エネルギーボディのバランスが取り戻されると身体症状が消失すると考えました。そして、情動的因子に働きかけるような自然の物質を探し、花のエッセンスを開発するようになったのです。

バッチは、「魂は特定の使命のために与えられるものであり、意識的にではないにせよ、ひとがその使命を果たさない限り、魂とパーソナリティーとの間に葛藤が生まれることは避けがたく、それが必然的に身体の機能障害として発現してくる。真の病の原因が私たちのパーソナリティーの中に潜んでいる」と述べています。

このように魂というスピリチュアルな存在を重視する医療観は、ホメオパシーや他のエネルギー療法にも通じます。

現代医学は、主に身体の物質的側面を扱い、物理的に治療する方法を開発してきました。そして、身体と心の相互関係を考えるようになった心身医学や精神神経免疫学などの近年の医学は、第二のステップを歩んでいるといえます。

さらに医学の次の段階は、身体のエネルギー的側面を扱うエネルギー医学への発展であり、最終的には、精神的、霊的な方法へと移行していくでしょう。心身医学が身体と心の懸け橋になっているように、物質的身体、エネルギー体の両面に働きかけることのできるホメオパシーは、現代医学とエネルギー医学の懸け橋になる可能性を秘めています。

そのためにも、今後、ホメオパシーに関する適切な医学研究が行われ、科学の発展によってそのメカニズムが解明されること、同時に、ホメオパシーの正しい理解と、十分な教育にもとづいた安全かつ適切な使用が必要です。それらの取り組みが行われることが、他の代替療法やエネルギー医学への理解を深め、よりよい医療の発展につながっていくのではないでしょうか。そうすることで、フラワーエッセンスやスピリチュアルヒーリングといった精神的、霊的な方法もより理解されていくでしょう。

Part 5

スピリチュアルヘルス　実践編その1

第7章　私のスピリチュアルジャーニー2

夢が教えてくれた人生の目的

この章からは、主にスピリチュアルヘルスに関する実践的な方法、エクササイズについてご紹介したいと思います。でもその前に、スピリチュアルヘルスにとって「自分の魂からのメッセージを聴くこと」がいかに重要かを知っていただくために、参考までに私の体験を振り返っておきたいと思います。

私がオーストラリアにいた頃の話は前述しました。その頃から私が繰り返し見るようになった夢は、人生の目的を示唆する魂からのメッセージを告げていました。オーストラリアに移ってしばらくの間、私の変化に気づいたある知人が夢分析カウンセリングを受けるように勧めてくれたことから、私は3年間、ユング派の夢分析カウンセリングを受けることになりました。

私のカウンセラーは、オーストラリアのアウトバック近くで育ち、文化人類学を専攻したのち、正式にスイスでユングの夢分析のトレーニングを受けた女性でした。

オーストラリアに渡った直後から日本に帰国する頃まで見続けていた私の夢には、ある二つのパターンがありました。一つ目は、女性として、とりわけ日本という封建的な文化の中で生きる女性としての困難さをテーマとする夢です。私は、社会は男女平等と教えられてきたはずなのに、思春期を過ぎた頃から、日本の社会は男女平等ではなく、女性には目に見えない圧力がかかっていることを感じていました。

中学生の頃からでしょうか、男子と同じようにしていると怒られたり、女の子は女らしくあるべきと求められていることが不自然に思えたのです。と同時に、過去の多くの日本人女性が、女性であるがゆえに社会から抑圧され、自由に生きることができなかった歴史があることも知りました。そして海外に住むようになって、日本だけでなく世界的にも同様の歴史を女性が体験していることも気づきました。

私が医師になった理由の一つは、女性が本当の自由を得るためには、まず経済的にも社会的にも自立する必要があると考えたからでした。医師という資格の上では、男女の差はないと思ったのです。けれども、現実は必ずしもそうではありませんでした。

多くの女性医師が、男性と同様に働きたくとも、結婚と仕事、仕事と子育ての両立に葛藤し、家族の理解とバックアップなしには仕事を続けられない現実があったのです。ある職場で一緒に働いていた女性医師が、3人目のお子さんを妊娠したときのことです。

彼女は、「今回妊娠の報告をしたときに、ある男性医師から最初におめでとうと言ってもらった。今まですいませんと謝るばかりで、報告した瞬間に男性医師からおめでとうと言われたことは初めて」と語ってくれました。当時、多くの女性の働く現場で似たような状況が見られたのではないでしょうか。そのとき、日本の社会は男性的な考え方に基づいて成り立っていることをひしひしと感じました。

社会で働いていく上で評価を得るためには、女性的な価値観は脇に置き、男性的な価値観で考えて行動することが必要でした。その反面、見た目や行動があまり女性的でなければ「女を捨てている」とも思われたものでした（今ならセクハラものですね）。

けれど、周囲から求められている女性らしさとは、男性が期待する女性らしさで、どこか違和感がありました。当時、ひとからの評価を気にしていた私にとっては、無理をしながら微妙なバランスを取る必要がありました。何が本来の自分の女性らしさかを自覚する前に、男性的な価値観に影響されて行動し、いわゆる女性らしくふるまうことを続けるうちに、自分の本来の女性性を見失い、疲れ果ててしまったのです。つまり、自分の本来の女性らしさを抑圧していたことも、私が体調を崩した要因の一つだったということです。

宇宙は女性性のエネルギーに満ちている

このような女性としての生きづらさはしだいに大きくなり、文字通り息のつまる思いにかられたこともありました。ところが、オーストラリアに行って、女性が日本人と比べものにならないくらいにイキイキとし、自由に発言しているのを目の当たりにしたとき、やっと再び大きな呼吸ができたのです。

しかし、私の夢分析のカウンセラーが、「欧米では日本よりも早く女性が自由を獲得するようになっただけで、まだ目に見えない男女差別がある」と言ったときは驚きました。私のカウンセラーは60歳くらいでしたから、彼女が30代の頃はちょうど、私が話していた日本と似た状況のようでした。

彼女は、私の苦しみを聞くにつれ、「あなたの気持ちは手に取るように分かって心が痛むわ。でも、私にはどうしたらいいか分からない。ただ、あなたの気持ちに寄り添うしかできない」と涙を浮かべて話してくれました。日本に帰ることが決まってから、またあの環境に戻るのかと思うたびに、私は心が重くなりました。

ところが、実際に日本に帰ってみると、不思議と以前のような息苦しさを感じることはありませんでした。それは、社会の変化もあったのでしょうが、私自身が以前とは変わっていたからです。

日本にいても〝あるがままの自分〟でいられるような感覚がして、これから本来の自分の人生がはじまるような気がしました。そしてあるとき、屋久島に滞在中に、山根麻以さんの歌う「アベマリア」を聞いていたときに、一つの気づきがありました。

「いのちを生み育んでいる母なる地球は、女性的なエネルギーに満ちている。アベマリアは母なる地球に捧げる讃歌であり、すべての女性を賛美する歌なんだ」ということに気づいたのです。そして女性の身体の中にある子宮は、いのちを育むという点では地球と同じであることが分かったのです。

そして、無からすべてを創造し、やがて死を受け入れ、新たないのちを育む強さが女性性のエネルギーで、すべてを生みだしたこの宇宙も女性的なエネルギーに満ちていることが心の奥底から分かったのです。わが子を産み育てるだけでなく、女性的なエネルギーはすべての創造の源だと分かったとき、涙があふれて止まりませんでした。そして、女性であることはもはや苦痛ではなく、祝福であると思えるようになったのです。

精神的な豊かさが求められる時代といわれる21世紀は、直感や自然、愛と受容といった女性的な側面に焦点が当てられていくでしょう。男性も女性も内なる女性性を解放し、すでに発達させてきた男性性とのバランスを取ることで、精神的、スピリチュアル的に成熟していくのです。

そこで、過去の私と同じように悩んでいる女性の手助けができないか、多くの日本の女性たちに、女性の素晴らしさ、大切さを伝えたいと思うようになりました。それが後になってワークショップをはじめ、女神の本（毎日コミュニケーションズ刊『愛と光に目ざめる女神事典』）を出版することにつながっていったのです。

それまで私が見ていた夢は、私自身に女性性の目覚めを促す魂からのメッセージであり、今回、女性として生まれたのはこのことに気づくためだったことが分かりました。

こうして私の人生における一つの役割が分かったものの、まだ何か足りないような気持ちがしていました。マウントシャスタを旅したのはちょうどその頃です。そこでは山の素晴らしいエネルギーを感じ、高原の風に吹かれ、男性性と女性性の統合について思いをはせていました。

ある日、瞑想していると、ハートのあたりに美しいライトグリーンのクリスタルボールのイメージが浮かんできました。よく見ると、そのボールは、2／3近くは白い殻で覆われていました。殻のないところは、美しいアラベスク模様の透かし彫りになっていて、中からえも言われぬ光が輝いていました。

その瞬間、「これは私の魂の輝きだ！」と直感しました。そこで、自分の本質と初めて出合ったのです。「白い殻がまったくないのが本来のありのままの私なんだ。今の私にはまだ2／3の殻がある。人生はこの殻を取って本来の自分を知っていくこと。自分の本来の光を100％輝かせることなのかもしれない」という思いが湧き上がってきました。

1／3剥がれているのは、今までのさまざまな体験のおかげと感じました。時には大変なこともあったけれど、過ぎてみればすべて自分の肥やしになっているのです。楽天的な私は、半分以上まだ殻に覆われているにもかかわらず、残っている殻はそんなに分厚くはなさそうだし、いつか剥がれてくれるような気がして、これから取れていくのをワクワクしながら楽しみたいと思っていました。

癒しに関わる仕事をするように

夢のもう一つのパターンは、ある人から追いかけられる夢でした。あるときは学校で、あるときは街でというふうに状況は異なるのですが、ある人が私を追いかけ、そのたびに私は、相手に「もう来ないでと言っているでしょう」と言って怒って逃げる夢なのです。

夢に出てきた人は、私にとって心理・精神面の仕事を連想させる人でした。私は、学生時代から精神世界に興味を持っていたために、卒業前に専門を決める際、精神科を考えたこともあったのですが、いくつかの理由で精神科を選びませんでした。

結果的に夢は、その人を通して、私に対して心の癒しに関わる仕事をするように促していたのです。本当に私がしたい方向に進むように、嫌がられても何度も現われ、私に逃げるなと教えてくれていました。そのおかげで、このタイプの夢は、私が心療内科に転向して以来、まったくといっていいほど見なくなりました。

女性性に関すること、そして心の癒しに関することは、私の人生の中でとても重要な意味を持っていました。それに気づいて、さらにその後のさまざまな体験を通して、私の人生のテーマや目的がしだいにはっきりしてきました。

夢のガイドやこれまで述べてきた不思議な体験から、もしかすると、読者の皆さんは私が何か特別な能力を持っていると思われるかもしれません。でも、私は特別な能力を持っているわけではありません。これまでたくさんの間違いやミスをおかし、欠点をたくさん持った、未熟で、でも成長したいと思っている一人の人間です。このような私でも、自分の魂の輝きを見たり、本来の自分と出会うことができるのだから、どんな人でも魂のメッセージを聴くことは可能なのです。どうぞ、自信を持って本当のあなた自身と出会い、魂との再会を果たしていただきたいと切に願っています。

そのために、三つだけお伝えしたいことがあります。それは、「すべてに最適のタイミングがあること」「変化を恐れないこと」「自分自身を信じること」です。

ひとが成長していく姿は、蝶が生まれるプロセスとよく似ています。青虫からさなぎになり、やがてさなぎの殻を破って美しい蝶となって飛び立っていきます。青虫がさなぎになるのも、蝶が飛び立つのもベストのタイミングがあります。早く蝶になりたいからといって、さなぎの殻を無理やり破っても蝶は死んでしまうだけです。さなぎのときには、殻の中で孤独を味わうこともあるでしょう。飛び立つときがいつなのかは、さなぎだけが知っているのです。だからこそ、美しい蝶に成長することを信じ、そのための期間を待つこと。そしてそのときが来たら、恐れずに羽をはばたかせることが必要なのです。

一人ひとりの魂が奏るシンフォニー

さて、万人にとってのスピリチュアリティとは、究極の幸せになる生き方と述べました。では、そうであるためには何が必要でしょうか？　第一には、身体と心をケアし、その人にとって心地よい、バランスの取れた生体環境を整えることです。

身体は私たちの魂が表現するための楽器と同じです。よい音色を奏るためには、日頃から十分に楽器を手入れしておくことが肝心です。音楽家の心がオープンで、安らかで楽しい状態は、魂という演奏者が最も自己表現をしやすいコンディションを意味します。

そのように身体の状態が整い、心が穏やかでオープンなとき、自分の内なるエネルギーが心地よく流れて、内なる魂の鼓動が聞こえやすくなります。そして、自然や大いなるものとのつながりが感じられたとき、魂の音楽が自然と奏られるのです。周囲の人びととのつながりは、演奏する舞台を一緒につくり上げ、ともに美しいシンフォニーを奏ることを意味します。このように、一人ひとりが自分という美しい固有の音を表現し、人類全体でハーモニーをつくっていくことが、万人にとってのスピリチュアリティともいえます。ですから、各自がその人らしい音色を奏ながら、人類や地球全体に調和と究極の幸せをもたらす方法が、究極のスピリチュアルヘルスといえるでしょう。

では、スピリチュアルヘルスを具体的に実践するにはどうすればよいのでしょうか？

もうお分かりのように、まず「人間の全体は身体と心と魂から成っている」という視点を持つことが必要です。H_2Oが氷という個体、水という液体、水蒸気という気体というように、形を変化させてもH_2Oという本質が変わらないように、人間の本質も、身体、心（感情と思考）、魂と呼ばれる状態（周波数帯域）に変容しているエネルギーなのです。

そのエネルギーのバイブレーション（振動、周波数）が低い状態から高い状態になるにつれ、肉体、感情と思考、魂と変化していきますが、スピリチュアルな健康を考える上では、これらのエネルギーの状態を良い状態に保つことが重要なのです。

それでは、スピリチュアルな視点に立ったヘルスケアについて具体的に考えてみましょう。

ヘルスケアの基本は、家の基礎工事にたとえられます。もしあなたが家を建てるとしたら、まず家の土台づくりとして強固な基礎工事をすることでしょう。お城や寺院のような大きな建物であればあるほど、そして何十年、何百年もの間の厳しい気候に耐えるためには、十分な土台が必要になります。

また、樹木が風雪に耐えて大きく成長し、豊かな実りをもたらすためには、大地の奥深くにしっかりと根を張ることが必要です。根は大地から栄養分を吸収すると同時に、風雨などの外的な衝撃を受けても倒れないように木全体を支えているのです。

このように、どんな状況でも動揺せず安定していて、自信を持って行動している人があなたの周りにもいると思います。どんなことが起きても常にポジティブで楽天的、行動するときには素早く行動し、必要なときにはじっと待つこともできる、着実に人生を築いていて一緒にいるとどっしりとした安心感が感じられる人。そのような安定した存在感のある人は、グラウンディングがしっかりできている人です。

このグラウンディングが、スピリチュアルな視点に立ったヘルスケアの基本となります。

第2章　実践1・グラウンディング

グラウンディングの重要性

グラウンディング（grounding）とは、「根づかせる、基礎をおく」という意味です。そのように、私たちが二本の足で大地にしっかりと立って生きるということは、物質世界とつながり、それを基盤として自分自身の魂や精神性を表現していくことを意味します。

私たちが地球といういのちの母とのつながりを感じたとき、地上に生きる人間としての自覚が生まれます。いのちの源とつながると、ありのままの自分でこの世界に存在していいのだと確信でき、心が穏やかで安らかになり、本来の自分の核である魂とのつながりが実感できるのです。

「自分らしくあって大丈夫」という気持ちになれば、「自分は十分ではない」「自分には価値がない」という思いに駆られたり、他者からの評価を気にする必要はなくなります。世界はもはや不安と恐怖に満ちた場所ではなく、「自分は社会というコミュニティーの一部であり、望まれて所属している」「自分は価値ある存在で、世界は自分という花を咲かせる舞台だ」という感覚が湧き上がってきます。

そのためには、まず広大な自然の大地としっかりとつながることが大切です。とはいえ、現代社会で、とくに都会に住む人びとにとっては、生活の中で大地と直接触れ合うことはほとんどないといえるでしょう。自然とのつながりをゆっくり感じる時間や機会もなく、大地の母である地球とのつながりが薄れ、自然のリズムやサイクルではなく、時計に縛られた生活になっているからです。

グラウンディングしている人は、たとえばネイティブアメリカンのように、生活の中に上手に自然のリズムや香りを取り入れたり、じかに身体を使って自然に接しています。そうすることで、自分を育ててくれた人との間の信頼感や安心感に基づいた絆を感じ、自分自身の肉体について把握し、社会の中での自分の存在を認められるようになります。

あるいはまた、現実的で、プロ意識を持って積極的に仕事に取り組んだり、ある程度、社会的な成功を収めているようなエネルギッシュなタイプもグラウンディングしている人といえます。そのような人は、この世界にいても自分が安全であることを自覚し、自分の居場所をしっかりと見出しているでしょう。しかし、忙しさのあまり、また急激に変化する生活環境の中で、知らず知らずのうちに自分自身や自然とのつながりを失ってしまうこともあるのです。

自然と乖離《かいり》した生活、慌ただしい生活がグラウンディングを阻む主な要因ですが、それ以外にも、癒されていない感情も自然や他者とのつながりを阻む要因になります。

とりわけ、生後間もなく受けた虐待や育児放棄などのトラウマ体験があると、基本的生存の安全を脅かし、自尊心や自意識を傷つけ、他者との信頼関係を築くことが困難になるといった弊害が多く見られます。

小さい頃から自己嫌悪と孤独感を感じ、生きているのが苦痛で、死んでしまいたいとさえ思うようになります。そこまで強烈な体験でなくても、子どもの頃「なんでできないの、ダメな子ね」「できないならもういいから」といった周囲の大人の何気ない言動や行動に傷つき、自分は十分でない、価値がないという思いの種が無意識に植えつけられ、成人してからの行動に大きく影響を及ぼすことがあります。

しかし、周囲の大人たちも、同様に扱われてきたのであって、誰が加害者で誰が被害者というわけではありません。ただ、私たち人類は、今まで本当の意味で自分をいたわることをしっかり学んでこなかった、伝えてこられなかっただけなのです。

霊性だけを求める人もグラウンディングが必要

トラウマが原因でグラウンディングしにくかった人の一例をあげましょう。

20代半ばにうつ病にかかったHさんは、10年以上もうつ病に悩まれていました。Hさんのお母さんは、Hさんを生んですぐに失踪したため、Hさんは数年間、複数の親戚に預けられ、その後、施設に引き取られました。

そこで親戚の人にひどく怒られたり、叩かれたり、寒い日に家の外に放置され、泣き叫んでいた記憶がHさんから離れたことはありませんでした。幸いHさんが高校を卒業するまで、施設の先生は温かく時に厳しく見守ってくださったおかげで、Hさんは明るく育っていきました。

Hさんは、高校を卒業すると、都会に就職し一人暮らしを始めました。しかし、仕事や人間関係で失敗するたびに自信を失い、ひとからの評価が気になって不安でしょうがなくなりました。人一倍愛されたい気持ちはあっても、見捨てられてしまう恐怖からひとと距離を置き、本当のことを言えなくなってしまったのです。

そして、自分に価値がないという気持ちにさいなまれ、うつ病という状態になってしまったのです。Hさんの場合、治療者とのやり取りの中で、少しずつ自分を見つめ、愛することや愛されることへの欲求と恐怖を振り返りました。やがて、実際の人間関係の中でのさまざまな体験を通して、傷ついた心を癒し、愛情で満たされていったことで、Hさんは自分の足で立つ自信と自分や周囲への信頼を取り戻していきました。

また、霊性を追求する人の中には、物質的・社会的なことへの関心を失い、自分の内的な世界にいることに満足したり、物質的なことに興味を持つことは良くないと信じている人たちもいます。そのような場合にも、よりグラウンディングすることが必要となります。

なぜなら、スピリチュアルな学びは、社会において自分を表現していく中で本物の気づきとなっていくからです。肉体を持った人間である以上、物質的な側面を否定することは、自身の人間性の一部を否定することになります。

物質や肉体の快楽だけに価値を置き、崇拝することは不健全ですが、それらを楽しみ、大切にすることは、人間として生まれた学びとして必要なことです。精神世界と物質世界の両者を体験し、感謝して味わうことが、両者を統合してスピリチュアルに成熟する上で必要不可欠です。私たちが、豊かな人生を送り、大きく成長しようとすればするほど、大地にしっかりと根を張った大木のように、十分にグラウンディングすることが必要になるのです。

グラウンディングの基本となるのは、自然に触れることと、自分の身体にしっかりと注意を払い、そしてよく身体を動かすことです。私たちがこの世に生まれ人生の目的を果たすためには、肉体を生かすことが必須です。そのために、食欲、睡眠欲、性欲、自己防衛、種の保存といった本能があり、肉体の生存を脅かすものや危険がないか緊張して身構え、いち早く察知したら闘うか、逃げるかの判断をするように私たちの肉体はプログラムされています。

ですから、私たちがこの世界で「ありのままの自分で存在して大丈夫だ」と思えるためには、まず、肉体的な基本的欲求を満たすことと、精神的に世界は安全であると感じられることが必要条件となります。そのためには、自分が心身ともに安全で心地よい状態であるように自分をいたわるように工夫することが、より健康で豊かな人生を築く基盤となるのです。

それでは、あなたがどれくらいグラウンディングできているのか、次の質問を自分に問いかけてみましょう。
・自分はこの世界に存在していて良いと思えますか？
・自分はそのままで十分価値があると思えますか？
・自分に必要なものは与えられるという自信がありますか？
・何か恐ろしいことが起こるのではないかと怯えることなく、世界は安全だと思えますか？
・自分は地に足がついていると感じますか？
・自分の身体が心地よい感覚を感じますか？　そしてそれを楽しめますか？
・物質的なことを罪悪感なしに楽しむことができますか？
「はい」と答える数が多いほど、あなたはしっかりグラウンディングできています。

スピリチュアルな視点に立った身体のグラウンディング

健康的にグラウンディングするためには、まず身体を心地よい状態にし、全身のエネルギーを高めることが大切です。車にガソリンが必要なように、身体をつくり支えるための良質で十分なエネルギーと栄養を摂ることが身体のケアの基本となります。

とくに最近の若い世代は、栄養の偏りから体調を崩す人が増えています。

20歳になったI君は、大学生活での勉強、友人関係、忙しいバイトといったストレスから、不眠と過敏性腸症候群（ストレスから下痢や便秘が続く病気）、うつ状態になってしまいました。十分な休息を取り、無理のない生活スタイルに変え、友人とのコミュニケーションも工夫していきました。それでも疲れやすい状況は続いていたのです。

一人暮らしのI君は、朝食はとらず、昼は前日の残りもの、夜はラーメンや焼き飯など手軽につくれるものばかり、野菜や果物もあまり摂らない生活が数年間続いていました。身体の栄養と生命エネルギーが不足し、電池切れのような状態になり、せっかくの能力も十分発揮できなくなっていたのです。

そこで食生活を改善した結果、I君はバイタリティーを取り戻していきました。食は、物質的な栄養だけでなく、愛情などの精神的な栄養や生命力といった栄養を自分に与えることを意味し、食事や食行動には自分をいたわることが象徴されています。

このI君のように、栄養不足や偏った食生活が原因でエネルギー不足に陥っている人は性別や世代を超えて増えているので、ぜひ一度、食生活を見直してみることが大切です。

では、どんな食生活、食行動がグラウンディングに役立つのでしょうか？　以下、具体的に見ていきましょう。

【食生活のポイント①　生命エネルギーを取り入れるための食事】

栄養素については、身体の年齢や労作量に応じたカロリー、タンパク質、炭水化物、脂質、ビタミン、ミネラルをバランスよく摂取することが大切です。これについては厚生労働省が「食生活指針」として推奨しているので、ぜひそちらをご参照ください。

しかし、私たちが食べ物からいただいているのは、栄養だけではありません。大切なことは、食物の生命エネルギーや料理に含まれる気、つくり手の思いの影響までも受けているということです。食物の持つエネルギーに注目した食事療法として、マクロビオティック[11]（通称マクロ）などの玄米菜食や、ゲルソン療法[12]などの生食療法などがよく知られています。

とくにマクロでは、食べ物のもつ陰陽のエネルギーをどう取り入れるかで人体の陰陽のバランスを整えることを重視しています。確かに、根菜類やグリルしたものなど、身体を温める食べ物（陽性のもの）や料理を摂ると身体の冷えが改善されるのを感じます。ですから、体調や季節（旬）に合わせるなど食べ物のエネルギーに配慮することで、心身のバランスを取ることや病の養生が可能になります。

そして、なるべく生命エネルギーにあふれたものを摂ることが大切です。そのためには、できるだけ地元で取れた有機栽培や自然農法で取れた野菜を摂りましょう。以前、私がニュージーランドに住んでいたとき、住んでいた町の郊外に無農薬有機栽培の農家がありました。当時、その農園まで毎週野菜と卵を買い出しに行っていました。

農場に入って、農園主であるおじいちゃんと話しながら、畑にまだ植わっているニンジンやレタスを一緒に取ったり、取れたての放し飼いの鶏の卵を手に入れました。もちろん新鮮で、本当の自然の食材の味がするので美味しいことは言うまでもありません。何より、生命のエネルギーがみなぎっていますので、少量でも満足感があり、身体に元気がみなぎるのを感じます。

このように、できるだけ自然なもの、旬に取れるものが生命エネルギーに満ちた食べ物です。

（11）マクロビオティック＝桜沢如一《さくらざわゆきかず》（1893〜1966）が考案した玄米、菜食を基本とする食養生。独自の陰陽論に基づいた食材や料理法の工夫によって、食による陰陽のバランスを取ることで健康増進を行う。

（12）ゲルソン療法＝ドイツ人医師マックス・ゲルソンが1930年代に開発した食事療法。有機無農薬栽培の野菜や果物の菜食やジュース、サプリメント、浣腸による栄養状態の改善とデトックス効果によって、免疫力と自然治癒力が向上すると考えられている。

【食生活のポイント② 食事日記をつけてみましょう】

食事日記をつけることで、食生活のバランスが分かり、自分の体調管理にも役立ちます。

2週間、自分が食べたものと飲んだもの、そして体調や気持ちの変化などを記録してみましょう。そこから、食べたものや飲んだものがどのように自分の心身に影響を与えているかを観察してみましょう。

私が食事療法を始めた頃、この食事日記を2週間つけてみました。そして、とてもおもしろいことに気づいたのです。家族とケンカになった前日には肉を食べていたり、チョコレートを食べると気持ちが興奮したり、コーヒーを飲むと心臓がドキドキしていることなどに気づきました。

糖分の多いものをたくさん摂ると、血糖値が急激に上昇したあと急激に下がり、気分の波につながっていることにも気づきました。そして、加工食品は、生命エネルギーが低下しているため、天然のものに比べて消化するのにより多くのエネルギーを費やすことから、その結果、疲れやすくなることにも気づきました。そのうちに、添加物が多いものを摂ると、唇や舌に違和感が出るといった「身体からの声」も自覚できるようになりました。

また、水も同様に身体に大きく影響を与えます。ミネラルウォーターとして販売されているものでも味が異なるだけでなく、含まれているエネル

食事日記（例）

(例)○月△日	時間	朝（07時30分）	昼（12時00分）	夜（22時30分）	間　食
	食べた物	パン1個 バナナ1つ	おにぎり1個 サラダ オムレツ	ご飯 みそ汁 野菜炒め	15時 チョコレート1個
	飲んだ物	牛乳1杯	ほうじ茶2杯	ほうじ茶1杯	15時 コーヒー1杯
	あったこと	会社で残業。帰宅22時。			
	感じたこと	夕方、イライラして同僚にあたってしまった。自分は小さい人間だと感じた。 お腹がすくとイライラしてしまう。			

ギーも違います。最もエネルギーの満ちあふれているものは、天然の泉の水です。

とはいえ、誰もがそのような泉のある恵まれた環境に住んでいるわけではありません。日常の中で、手に入る水のエネルギーを少しでも自分に良いものにするには、浄水器などの設備の助けも借りながら上手に工夫しましょう。

また、音の力を使うことで、水のエネルギーを変えることができます。水面近くで大きな音を鳴らすと水の表面にその音の波動が伝わりさざ波が立つのが分かります。同様に、水に「ありがとう」「愛している」といった言葉をかけて、感謝して味わうことで水のエネルギーの状態が変化するのです。これはマントラ（真言）といった言霊《ことだま》やフラワーエッセンスの原理と同じです。

【食生活のポイント③　愛情や真心のこもった食べ物を】

市販のものとお母さんが握ってくれたおむすびとでは、どうして味が違うのでしょうか？　それは、食品や料理にはつくる人の愛情や気が入り込んでいるからです。ですから、食べ物を取る上で大事なポイントは、どういう思いを持った人につくられているか、また、どういう環境でつくられているかで、つくり手や食べる場のエネルギーも考慮する必要があります。

私はある特別なお祝い事で、京都で創業400年以上という日本料理店に行ったことがあります。料理旅館でもあるそのお店は、お座敷の数は限られ、料理はシンプルな和食でした。有名な日本料理店とそれほど違いのない料理、むしろ、シンプルといった方がいい料理でした。

このどこに400年以上の歴史の謎があるのか、見た目にはまったく分かりませんでした。しかし一口食べた瞬間から、そのお料理にこもっている真心が伝わってきたのです。その感覚は、最初の一品から最後のデザートまで途切れなく続きました。長年続いてきたものは、この真心だったのです。どんな質素なものであっても、真心を込めてつくられたものは、素晴らしいエネルギーとなって、食べる人の心と身体を満たしてくれます。

【食生活のポイント④　いのちを育む土壌で栽培されたものを】

日本をはじめ、世界のヒーリングセンターやがんのサポートセンターでは、食事は自家農園で無農薬有機または自然栽培でつくられたものを使って調理されています。それは、いのちを育む豊かな土壌でつくられたものが栄養はもちろん、生命エネルギーも高いからです。

私はオーストラリアにある、シュタイナーの提唱したバイオダイミック農法の農園を訪ねたことがあります。そこには、落ち葉などを自然に熟成させた堆肥《たいひ》があり、ホコホコと熱をもって暖かく、たくさんのミミズが住んでいました。そこでは、宇宙の星の運行まで配慮して栽培されていたことにも驚かされました。

また、フィンドホーンでは、砂場ばかりの荒れ地が、精霊の助けと人の愛情で養分豊かな土地に生まれ変わり、見たこともない大きなカボチャやレタスが取れたことはあまりにも有名です。

このように、目に見えない微生物や精霊が宿っている豊かな土壌に育った食は、肉体を支えるだけでなく、いのちそのものを支え、私たちの身体や心に影響を及ぼします。

何を食べるのが良いのか、どう食べるのが良いのかということを知るために何よりも大切なのは、食物を身体に取り入れたときの身体の声や感覚を感じることです。その感覚を取り戻し、心身を調整することが本物の食養生ではないでしょうか。

グラウンディングするための身体のケア

次に、グラウンディングするための、身体のケアのポイントについて述べておきます。

【身体のケアのポイント① 適度な運動】

第一のポイントは、適度な運動をすることです。ウォーキングや水泳などの有酸素運動は、循環器系の働きを活性化し、成人病予防に有効なことが実証されています。また、心身の緊張をほぐすためにストレッチをすることも有効です。お勧めの方法として、心療内科で推奨しているストレッチに、ジェイコブソンの漸《ぜん》減的筋弛緩法《げんてききんしかんほう》があります。これはスポーツで行う筋を伸ばすといったやり方とは異なり、呼吸をうまく使って身体の筋肉を緩《ゆる》めていく方法です（図12）。

（例）

（1）緩めたい部分の筋肉に力を入れる

（2）息を吐きながら筋肉を緩める

図12　筋弛緩法《きんしかんほう》

息を吸うときに緩めたい部分の筋肉にグーっと力を入れ、吐く息とともに、力の入った筋肉を緩めます。このときに「はーっ」と息を吐くと同時に、筋肉が緩んで身体の緊張がほぐれ、脱力する感覚をじっくり味わいます。

ゆっくりとした動きの方がよりよくほぐれていきます。身体全体を弛緩させるのに10分もかかりません。一日3回、まず2週間実践するだけで身体の感覚が変わるのを感じるでしょう。ひどい肩こりの人は、実践を始めて2～3日するとむしろコリを実感するかもしれませんが、これは身体への自覚が芽ばえたために生じるものです。そこを超えていくと身体が楽になる感覚が味わえるでしょう。ヨガや気功なども同様のことを行っていますので、それらの実践も効果的です。

【身体のケアのポイント② 睡眠】

睡眠が健康に重要であることは言うまでもありません。日光にはメラトニンという睡眠や体内時計を調節するホルモンを刺激する作用があります。ですから、午前中に日光を浴びることは、身体のリズムや睡眠サイクルを整えてくれます。

日光浴以外にも、良い睡眠を得るためには適度な運動をし、睡眠のタイミングをできるだけ規則正しくすることが大切です。就寝2時間前からはテレビやコンピュータなどを避け、ゆったりとした時間を過ごすことで、速やかな入眠が得られやすくなるといわれています。

睡眠前にストレッチや呼吸法、瞑想などのリラクセーション法を行うことで睡眠の質が改善することもいわれています。また、自分の頭の形に合った枕や肌に優しい寝具を選んだり、アロマセラピーなどの香りを利用するのも、心地よい睡眠を促してくれます。

精神的なグラウンディングもセルフケアにつながる

セルフケアにとっては、肉体的なグラウンディングと同様に、精神的・感情的なグラウンディングも重要です。私たちの身体の仕組みから見ても、大脳皮質や辺縁系といった情動や認知のセンターが、肉体的なセンターである視床下部をコントロールしており、心が身体をコントロールしているといっても過言ではないからです。つまり、精神的に安全で安らいでいることが、身体の安らぎにつながるのです。

【精神的なグラウンディングのポイント① 居心地のいい場所、安全基地をつくる】

安全な居心地のいい居場所を確保することは、精神的なグラウンディングに役立ちます。あなたの家庭が安全で、いつもあなたを受け入れ、保護してくれる場所であれば、あなたにどんなことが起ころうと、安定した安らぎを得ることができるでしょう。また、職場が居心地がいい場所であることも、安心して仕事に取り組むためには重要な要因です。あなたにとって快適な空間が、あなたの魂の表現を最大に引き出してくれるのです。

あなたの部屋は、あなたの心の心象風景です。まず、整理整頓と掃除から始めましょう。混沌とした状態やいらないものが散らかっている状態はストレスを与え、クリアに物事をとらえることを障害し、エネルギーの流れを停滞させます。あなたの部屋、机の周りなどをできる限り整理し、いらないものは処分しましょう。その上で、あなたの環境をあなたにふさわしいようにクリエイティブにつくっていきましょう。

【精神的なグラウンディングのポイント② 自己責任と自立】

精神的にグラウンディングするためには、誰かが自分のために何かをしてくれたり、与えてくれるのを待つのではなく、自分に必要な物を自分で用意し、自分に与えることが重要です。そして、たとえ誰かの意見であっても、それを自分が発言し行動した以上は、自分が良かれと思って決めたことなので、その行為には責任を持ちましょう。

どんな結果になったとしても、必ず良い点があります。そこを自分の努力と評価することです。その積み重ねの中で、「自分には力がある。自分は価値のある存在だ。だから自分の思いを実行して良いし、必ずうまくいく」と、思い込みを変えていく必要があるのです。

結果にとらわれず、できるだけのことをした後は、必要なものは大いなるものから与えられると信頼し、ゆだねることも重要です。あなたは自分で思っている以上の潜在能力を持っています。そして、大いなるものはあなたの魂がより輝くように常にサポートをしてくれています。自分の頭脳で考える以上のことが人生には起きます。

結果にとらわれてあれこれと考えすぎると、自分で自分の未来に制限をかけてしまいます。この世界の無限の可能性を信頼しましょう。

もちろん自立するためには、自らある程度の経済的・社会的基盤を確保することも大切です。あなた自身の働きや才能、努力、正当な権利を反映して得たものでない限り、心から安定していると感じることは難しいでしょう。そのためには、あなたの才能を見つけ、社会的基盤の確保につながるように生かしていく工夫や、成長するための時間と忍耐が必要です。

エクササイズ　グラウンディングのための三つのエクササイズ

グラウンディングができると、自分の状況や周囲で起こっていることに目を向け、立ち向かう勇気が生まれてきます。動揺や不安が起きても、それに振り回されずに落ち着いて対応する余裕も生まれてきます。また、ファンタジーやバーチャルな世界に入り込むのではなく、目の前のリアルな世界で自分を生かそうと思えるようになります。

不安やあせり、緊張を感じるとき、動揺したとき、心身ともに疲労し、エネルギーが低下しているとき、何かにチャレンジするときなど、日常の中で次のグラウンディング・エクササイズを行うと効果的です。

【エクササイズⅠ　足を地につける】

足を地につけるという言葉の通り、大地の上に実際に立つことは、樹木が根を張っているように、私たちが地球に根を下ろしている感覚を教えてくれます。公園や森の中を歩いたり、浜辺のように裸足で立つことができる場所なら最高です。

足の裏の感覚に意識を向けて、大地の感触を味わいましょう。また、足のマッサージや、足裏を自分でタッピングして足への意識を高めることもグラウンディングに役立ちます。そこで、深呼吸を繰り返し、さらに、次に述べるイメージ瞑想を行ってもいいでしょう。

【エクササイズⅡ　イメージ瞑想】

（1）背筋を伸ばして楽に椅子に座るか、立ちましょう。左右の足は少し開いて、両足の裏を地面にぴったりと着け、手は膝の上に置きます。目を閉じてゆっくりと深い呼吸をしてください。ゆっくりと大きく息を吐き、静かに息を吸いましょう。ゆったりとした呼吸を続けながら、吐く息とともに身

(1)

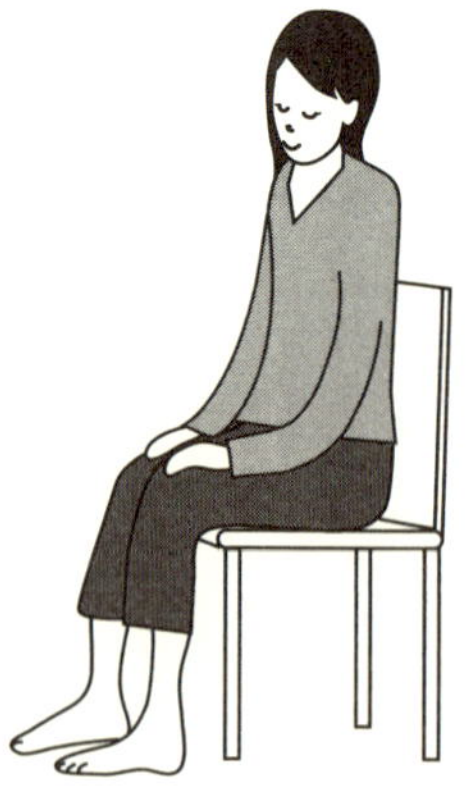

体の緊張がしだいにほぐれていきます。呼吸とともに身体全体が緩んでいくのを感じましょう。そして完全にリラックスし、あるがままの自由さを味わってください。

（2）次に、背骨を意識してください。背骨に沿ってエネルギーが水のように流れているとイメージしてみましょう。そのエネルギーが呼吸をするたびごとにきれいになっていきます。息を吐くときに、息とともに古いエネルギーが出て、息を吸うときに息とともにフレッシュなエネルギーが入ってくるのをイメージしてみてください。

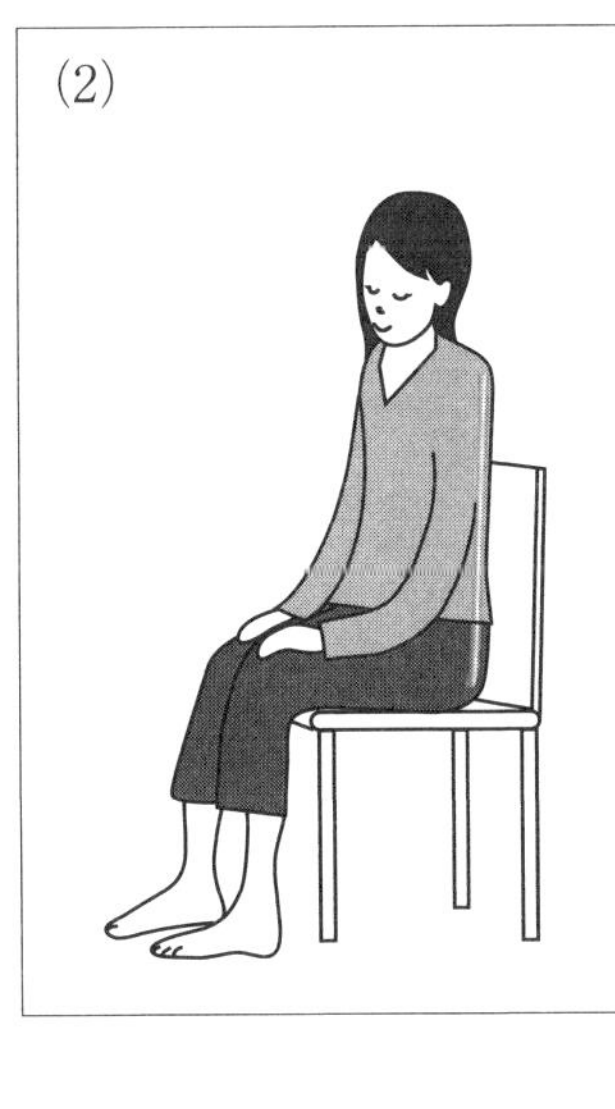

吐いて、吸って、吐いて、吸って、吐いて……。あなたのエネルギーは白く輝きはじめました。呼吸をするたびごとに輝きは増していき、だんだんと金色に輝きはじめました。そしてその輝きは強くなり、エネルギーの流れがまるで金色のひものように感じられます。

（3）次に、尾底骨を感じてください。尾底骨から、背骨の中を流れるエネルギーの金色のひもが床の方に伸びていくのを想像してみましょう。ひもは床を通り抜け、地面へと伸びていきます。ひもは土の中を深く、深く、深く伸び、土を通り抜け、岩盤、マグマを通り、地球の中心へ向けてどんどん深く伸びていきます。

（4）次いで、地球の中心をイメージしてみてください。そこはまばゆく輝いています。もしかしたら脈打っているかもしれません。そこはすべての生きもののいのちの源です。母なる地球の中心にある、温かさや愛を感じてみましょう。

（5）やがて、あなたから伸びたエネルギーのひもが地球の中心にたどり着き、そことつながるのをイメージしましょう。地球からのエネルギーが金色のひもを通してあなたに流れ込んでいきます。マグマを越え、岩盤、土、床を通り抜け、尾底骨を通り身体中に染み渡っていきます。息を吸うと、地球からの温かいエネルギーが体の中に吸収され、身体中に満たされていきます。息を吐くときには、あなたに不要になったエネルギーを地球の中心に放出してかまいません。地球は優しく受けとめ、そのエネルギーを変容させてくれます。あなたは、地球からのエネルギーを十分に受けとり、温かさと愛で一杯に満たされています。

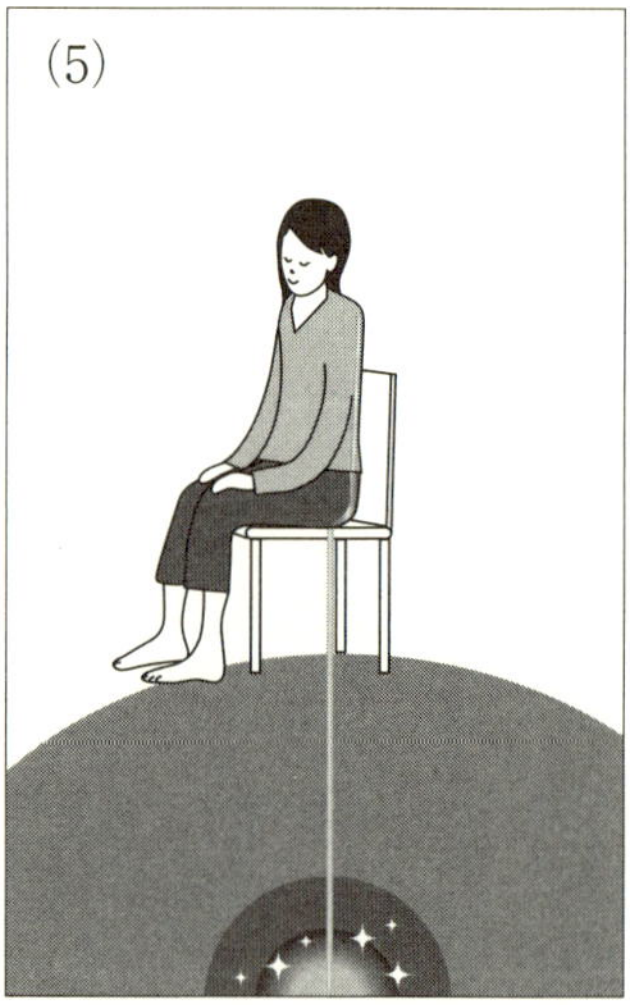

（6）十分に味わったら、ゆっくりとひもを引き上げていきます。エネルギーのひもが地球の中心から離れました。どんどん短くなり、マグマを通り、岩盤、土を通り、床を通り、尾底骨に戻っていきます。そして、ひもは尾底骨から身体の中に納まりました。尾底骨のエネルギーの通り道が閉じるのをイメージしましょう。

（7）最後に、静かに意識を現実に戻しましょう。ゆっくりと手や足の指を動かし、ゆっくりと目を開け、い、伸びをしましょう。

【エクササイズⅢ　統合的なイメージ瞑想】

また、次の瞑想を行うことで、精神的なグラウンディングと統合することもできます。前のイメージ瞑想の（1）から（5）までは同じです。その後、次のように続けます。

（6）次に、頭頂を意識してみてください。今度はエネルギーのひもがそこから天の方へ伸びていくのをイメージしてみましょう。ひもは上へ上へと伸び、空を抜け、雲を抜け、宇宙へと伸びていきます。太陽系を抜け、銀河を抜け、宇宙を抜け、上へ上へとスルスルと伸びていきます。

（7）向こうに、燦然と光り輝く宇宙の中心が見えてきました。ひもはその中心にたどり着き、中心とつながりました。そこはすべての存在と真理の源です。宇宙の中心の無限の広がりと愛のエネルギーを感じてみましょう。金色のひもを通して、宇宙の中心のエネルギーがあなたに降りてくるのを感じてみましょう。宇宙のエネルギーは銀河を抜け、太陽系を抜け、大気を抜け、あなたの頭頂を通って、身体中に流れ込んできます。あなたは宇宙のエネルギーで満たされ、無限の広がりと愛とで満たされていきます。

（8）異なる方向から流れてくる二つの異なるエネルギーは、あなたのハートで調和のとれた形で混じり合っていきます。あなたは今、完全にバランスが取れています。しばらくこの統合された感覚を味わってください。

（9）宇宙の中心からゆっくりとひもを戻していきます。エネルギーのひもが宇宙の中心から離れ、短くなっていくのをイメージしましょう。ひもはどんどん短くなって、銀河を抜け、太陽系を抜け、大気を抜け、頭頂に戻っていきます。ひもは頭頂から身体の中に納まり、頭頂の通り道は塞がりました。

（10）今度は、地球の中心からゆっくりとひもを引き上げていきます。エネルギーのひもが地球の中心から離れました。どんどん短くなり、マグマを通り、岩盤、土を通り、床を通り、尾底骨に戻っていきます。そして、ひもは尾底骨から身体の中に納まり、尾底骨にあったエネルギーの通り道が閉じるのをイメージしましょう。

(11) 最後は、静かに意識を現実に戻しましょう。ゆっくりと手や足の指を動かし、ゆっくりと目を開け、伸びをしましょう。

(11)

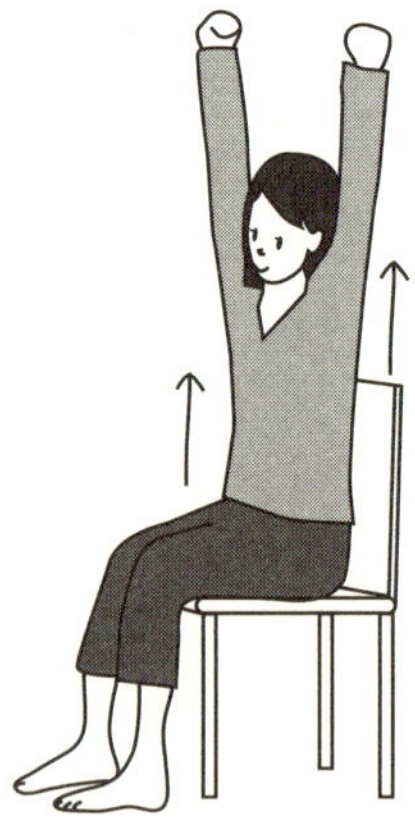

Part 6

スピリチュアルヘルス 実践編その2

第7章　実践2・内なる男性性と女性性の統合

私たちの中にある男性性と女性性

前章では、グラウンディングという生きる上での基本的なセルフケアについて述べました。ここからはよりエネルギー的な側面をふまえたスピリチュアルヘルスについて見ていくことにしましょう。

私たちの中には、男性的側面（男性性）と女性的側面（女性性）の両方があります。この側面とは、肉体的な形を示すものでなく、心理面、行動面などのエネルギーの性質を指しています。私たちの魂は根源的には性別はありません。仏様や神様が両性的に描かれているのは、スピリチュアルに成熟し、男性性と女性性のバランスが取れて両性のエネルギーが統合されていることを示しているのです。

私たちが健康で幸せな人生を送るためには、これら二つのエネルギーのバランスと統合が必要で、この二つのエネルギーのバランスが乱れたり、両者の間で葛藤が生じると、健康を損なってしまいます。したがって、男性性と女性性のエネルギーを統合することが、スピリチュアルヘルスのポイントになります。

ユング心理学では、男性の中の女性像を「アニマ」と呼び、女性の中の男性像を「アニムス」と呼び、アニマ、アニムスが統合されるのが人格の成熟や自己実現に必要と考えました。また中国医学では、「陰」（精神性、大地）を司るのが女性性のエネルギー、「陽」（物質、天）を司るのが男性性のエネルギーといわれ、陰陽のバランスを取ることが健康の秘訣とされています。

また、インド医学やヨガでも二つのエネルギーのバランスを取ることが重要とされてきました。人の身体には脊髄から頭頂部にかけて3本のエネルギーの流れがあり、「シュスムナ」と呼ばれる身体の中央の流れに伴って、「イダ」と呼ばれる女性性や月と関連するエネルギーの流れと、「ピンガラ」と呼ばれる男性性や太陽と関連するエネルギーの流れがあり、両者がシュスムナと交差するところにチャクラがあります。この三つのエネルギーやチャクラを活性化する方法が、肉体的にもスピリチュアル的にも健康であるために何千年も実践されてきたのです。

では、男性性の特徴はどういったものでしょうか？

主な男性性のエネルギーの特徴は、受精の際の精子の働きや形から見てとれます。何億という精子が一度に放出され、卵子を目指して全速力で子宮の中を走っていきます。過酷な環境の中、二つの卵管のどちらかにある卵子に向かって自分の信じた方向へまっしぐらに走っていきます。その途中でほとんどの精子は息絶え、卵子に出合えた幸運な精子のうち、たった一つの精子だけが受精できるのです。

また、精子の形も特徴的です。オタマジャクシのような形をしている精子は、遺伝子を含む頭部と運動するための尾部から成り、運動するのに必要なエネルギーだけを備えたとてもシンプルな形です（図13）。

これらの点から男性性の特徴として、「推進力・行動力・目的志向・達成力・競争力・効率性・合理性・チャレンジ精神」といったものがあげられます。そして、社会の中で行動し、目的を達成していくために「論理性・自立性・実行力・支配性」といった側面が発達していったわけです。その特質は身体にも影響を与え、たくましい筋力や腕力となりました。

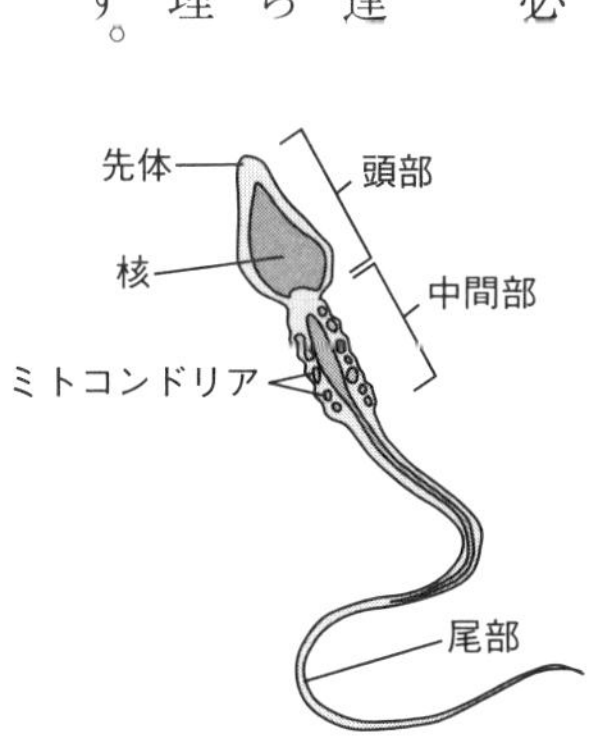

図13　精子の構造

一方、女性性の特徴は、卵子の働きや女性の月経、妊娠、出産、子育てといった生命を生み出す働きの中に多くの特徴を見ることができます（図14）。精子を受け入れ、約10カ月の間、子宮で受精卵を育み、胎児へと成長させ、胎児と協力して出産を行います。

こうしたことは、「受容性・育むこと・調和・他者との関係性・忍耐・柔軟性・流動性」の側面を示しています。また、月経や性周期といった自然のサイクルとリズムそのものを、理屈でなく身をもって体験することから、「自然との同調・直感・感情」などの側面が発達しました。

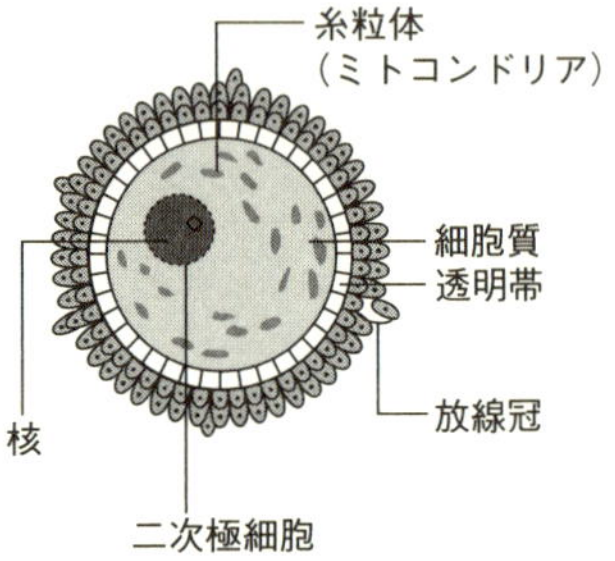

図14　卵子の構造

その特質が、身体的には「丸み・柔かさ」として表現されるようになったのです。

それぞれの側面や要素が未熟な場合、男性性であれば「粗暴・冷たさ・攻撃的」になったり、女性性であれば「自意識の低さ・強い所有欲・優柔不断」になったりします。もちろん、男性でも女性でも両方の性質を持っています。したがって、まずそれぞれの要素をよりポジティブなものに成長させるために、適切な自己愛と他者への愛に目覚めていくことが必要です。そして、さまざまな経験を通して、成長した男性性と女性性のバランスを取りながら統合していくことによって、私たちは愛にあふれた成熟した存在になっていくのです。

抑圧されてきた女性性がよみがえる時代

私の夢の体験でも述べたように、世界的にみて、女性性が否定的に扱われてきた歴史があります。少なくとも現代は、経済の効率や競争原理が強く作用した男性性優位の時代だといえるでしょう。

そのため、女性であっても男性であっても、男性性が発達しやすく、内なる女性性は抑圧されてきました。しかし、人類の長い歴史の中では、女性性が男性性と同様に尊重された時代や文化があったのです。世界各地の多くの遺跡から発見された女神像から、紀元前約三万年前から三千年にかけて、世界のあらゆる地域、文化、歴史の中で、女神が聖なる女性性を表わすものとして崇拝されていたことが分かってきました。女性性はいのちを生み、育み、豊かな自然や食べ物をもたらし、癒し手や高次元の存在と私たちをつなぐ聖なるものとして、尊重されていたのです。女神が崇拝された社会では、女性と男性はどちらかによって支配されるのではなく、お互いに協力し合って生活していました。

ところが、紀元前三千年頃から、男性性中心の社会に変わり、調和と自然を愛する文化から、力でコントロールし支配する社会へと変化していきました。直感や感性よりも知性や理論が重視され、女性性は社会を混乱させるものとして抑圧されていきました。

高度に科学技術が発達し、物質的な豊かさがもたらされた半面、戦争や自然破壊や世界の地域格差がいまだに続いているのは、アンバランスに発達した人類の男性性と女性性の抑圧の現われといえるでしょう。

これからの時代は、女性性のよみがえりが求められています。私たちは過去五千年の間に、「すべてのいのちはつながっていて、神聖なものである」という教えを失い、すべては人間の力でコントロールできると誤解し、母なる地球への感謝を忘れ、人類のためには地球のすべてを利用して当たり前としてきたといっても過言ではありません。

今、人類をはじめとして生きとし生けるものすべてが、この母なる地球で生きていくために、社会的にも環境的にも大きな変化を求められています。破壊や競争ではなく、すべてのいのちを受容し、調和しながら創造的に変容させていく力、変容のプロセスを愛情をもって見守り育む力、それは女性性のエネルギーの特質なのです。

今、世界中で、女性性や女神を見直そうという気運が高まり、とくに欧米では「ゴッデスムーブメント」（Goddess movement＝女神への回帰運動）が多くの人びとの関心を集めています。過去五千年の時を経て、今まさに、女性性はよみがえりの時期を迎えています。

地球に平和と愛と調和のある社会をもたらすために、まず、女性、男性、双方の中に抑圧されてきた女性性が目覚め、花開く必要があるのです。女性性が目覚め、成熟することによって、アンバランスに成長した男性性も豊かに成熟していくでしょう。そして成熟した内なる男性性、女性性のバランスが取れ、統合されたとき、地球はバランスの取れた、スピリチュアルに成熟した星に生まれ変わるのです。

男性性と女性性のバランスが取れた状態とは

では、女性性や男性性を高めるためにはどうすればよいのでしょうか？

一般的には、女性性を高めるには、内なる慈愛と平安のエネルギーを感じ、自然の声に耳を傾け直感を信頼することで、男性性を高めるには、何かの目標に向かってチャレンジし行動することが役立つでしょう。

ただし、一人ひとりの内なる男性性と女性性のバランスや特質は異なっています。後述するエクササイズは、あなたの内なる男性性と女性性のバランスやそれぞれの特質を明らかにしてくれるでしょう。そして、双方のバランスを回復するヒントも与えてくれます。

男性性と女性性のバランスが取れているかどうかの一つのサインは、一人でいても穏やかで、自分や生活を楽しめるかどうかです。バランスが崩れていると、無意識にそれを埋めようとして過度に異性に依存しやすくなります。反対に自分の中で両性のバランスが取れていると、経済的な自立や社会的な活動をこなし、友人や周りの人びととの関わりやつながりを楽しみ、誰かに依存することで安心を得たり、誰かを依存させることで自分の意義を見つけることもありません。つまり、誰かに支配されたり、支配したりするような不健康な関係には陥らなくなるのです。

内面を見つめて自分の感情や思考を受容でき、自分一人でいて満たされた感覚があれば、あなたの男性性と女性性はバランスの取れた状態といえるでしょう。

それでは、あなたの内なる男性性と女性性を知るためのエクササイズからご紹介していきましょう。

エクササイズ　男性性と女性性を統合するための二つのエクササイズ

【エクササイズⅠ　内なる男性性と女性性を知るための瞑想】

(1)　大きくゆっくりとした呼吸をしながら、静かに目を閉じましょう。大きく息を吐いて、吸って、吐いて、吸って、吐いて、吸って、吐いて……ゆっくりと呼吸するたびごとに、身体から緊張が取れてゆきます。そして気持ちがゆったりと落ち着いてきます。心や頭に何か浮かんでくるものがあっても、それは大空にある雲のように静かに消えてゆきます。そして、何もない大空にスーッと溶け込んでゆきます。

今、あなたの目の前には、何もない空間が広がっています。そこに、あなたの中にある男性性を呼んでみましょう。あなたの男性性を象徴するイメージを思い浮かべてみてください。それは人物かもしれませんし、動物かもしれません。色や音だけかもしれません。批評や判断をしないで、ただイメージの赴くままにまかせましょう。それはどのように見えますか？　どんな形、色、大きさでしょう？　どんな感触をしているでしょう？　あなたはそれを見てどう感じますか？

(2) では、そのイメージに聞いてみてください。
彼は今、どんな気持ちでいますか？　彼が今、いちばん求めているものは何ですか？

それを得るためには、どうしたらいいですか？　何が必要でしょうか？

彼はあなたにどのような人生の理想像を求めていますか？

なんでも聞きたいことを彼に尋ねてみましょう。終わったら、彼が現われてくれたことに感謝をしましょう。そして、そのイメージを手放しましょう。

(3) 次に、あなたの目の前の空間に、あなたの中にある女性性を呼んでみましょう。
あなたの女性性を象徴するイメージを思い浮かべてみてください。それは人物かも知れませんし、動物かもしれません。色や音だけかもしれません。批評や判断をしないで、ただイメージの赴くままにまかせましょう。それはどのように見えますか？　どんな形、色、大きさでしょう？　どんな感触をしているでしょう？　あなたはそれを見てどう感じますか？

(4) では、そのイメージに聞いてみてください。
彼女は今、どんな気持ちでいますか？　彼女が今、いちばん求めているものは何ですか？

それを得るためには、どうしたらいいですか？　何が必要でしょうか？

彼女はあなたにどのような人生の理想像を求めていますか？

何でも聞きたいことを彼女に尋ねてみましょう。すべての質問が終わったら、彼女が現われてくれたことに感謝をしましょう。そして、そのイメージを手放しましょう。

(5) 最後にもう一度、男性性、女性性、両方に感謝の気持ちを伝えます。そしてゆっくりと意識を現実に戻していきましょう。あなたの意識を今あなたがいる部屋に戻し、座っている椅子や部屋の音に注意を向けてみましょう。手や足の指をそっと動かして、準備ができたら、目をゆっくり開けて伸びをしましょう。

【エクサイズⅠのフィードバック】

このエクササイズで現われた男性性と女性性のイメージは、今のあなたの内なる男性性、女性性を表わしています。浮かんだイメージをノートに書き留めましょう。その横に、あなたがそれぞれのイメージから受ける印象を表わす三つの言葉を書いてください。

たとえば、男性性のイメージに大きな熊が浮かび、熊から感じたものが、強さ、実行力、包容力、女性性のイメージに白い小鳩が浮かび、小鳩から感じたものが、清らかさ、軽やかさ、自由とします。これらから分かることは、あなたの強さ、実行力、包容力といった男性的側面は十分に発達していますが、清らかさ、軽やかさ、自由といった女性的側面はまだ発達途上にあり、バランスから見ると男性性が優位になっている状態を示しています。

また、それぞれのイメージがあなたに伝えてくれた言葉は、あなたの内なる男性性と女性性からのメッセージです。そのメッセージの意味をよく味わってください。もし男性性と女性性がアンバランスになっているときには、発達途上のイメージが必要と伝えてきたことを、まず実践し、両方のバランスが取れるようにしましょう。

たとえば、白い小鳩が、休息と美味しい水を必要と伝えてきたとしたら、休みを取ったり、森の清流を訪ねたり、毎日良質の水を飲んだりして、清らかさ、軽やかさ、自由を味わってみるのもいいかもしれません。そして生活の中で、あなたの清らかさ、軽やかさ、自由さを感じ、活性化させてくれるものに触れたり、そういった場所に行ったりしてみましょう。

【エクササイズⅡ　内なる男性性と女性性の統合する瞑想】

(1) 大きくゆっくりとした呼吸をしながら、静かに目を閉じましょう。大きく息を吐いて、吸って、吐いて、吸って、吐いて、吸って、吐いて……ゆっくりと呼吸するたびごとに、身体から緊張が取れてゆきます。そして気持ちがゆったりと落ち着いてきます。心や頭に何か浮かんでくるものがあっても、それは大空にある雲のように静かに消えてゆきます。そして、何もない大空にスーッと溶け込んでゆきます。

今、あなたの目の前には、何もない空間が広がっています。そこに、あなたの中にある男性性を呼んでみましょう。あなたの男性性を象徴するイメージを思い浮かべてみてください。それは人物かも知れませんし、動物かもしれません。色や音だけかもしれません。批評や判断をしないで、ただイメージの赴くままにまかせましょう。それはどのように見えますか？　どんな形、色、大きさでしょう？　どんな感触をしているでしょう？　あなたはそれを見てどう感じますか？

(2) 次に、あなたの目の前の空間に、あなたの中にある女性性を呼んでみましょう。

あなたの女性性を象徴するイメージを思い浮かべてみてください。それは人物かも知れませんし、動物かもしれません。色や音だけかもしれません。批評や判断をしないで、ただイメージの赴くままにまかせましょう。それはどのように見えますか？　どんな形、色、大きさでしょう？　どんな感触をしているでしょう？　あなたはそれを見てどう感じますか？

(3) では次に、男性性と女性性の二つのイメージが、お互いを意識しはじめたことを感じてください。二つのイメージは、だんだん近づいていきます。二つのイメージが寄り添っていく様を眺めてください。その二つのイメージから、三つ目のイメージが現われてきます。二つのイメージが重なっているかもしれませんし、全然異なる第三のイメージが出てくるかもしれません。どんなイメージが浮かんでもかまいません。批評や判断をせず、イメージにまかせましょう。

三つ目のイメージをしばらく眺めてください。それはどんな形をしていますか？　どんな色、動きをしているでしょう？　そのイメージから、あなたはどんな印象を受けるでしょうか？　では、そのイメージが現われてくれたことに感謝の気持ちを伝えましょう。そして、そのイメージを手放しましょう。

(4)　ゆっくりと意識を現実に戻していきましょう。あなたの意識をこの部屋に戻します。座っている椅子や部屋の音に注意を向けてみましょう。手や足の指をそっと動かして、準備ができたら、目をゆっくり開けて伸びをしましょう。

【エクササイズⅡのフィードバック】

エクササイズⅡはエクササイズⅠの発展形です。三つ目のイメージが、内なる男性性、女性性の統合されたあなたの現在のイメージです。そのイメージから受ける特質をあなたはすでに持っています。もし、二つのイメージが統合できなかったとしてもかまいません。

二つのイメージの距離が近くなるために何が必要かイメージし、そのイメージの助けを借りましょう。たとえば、二つをつなぐ橋のイメージが出てきたら、レインボーカラーの橋が架けられたのをイメージしてもいいわけです。

エクササイズで得られるイメージは、あなたが変化するたびに変わっていきます。時間をおいて実践し、あなたの変化を確認してみましょう。

第2章　実践3・身体からの気づき

自分の身体の声を聴くこと

スピリチュアルヘルスの視点に立つと、魂が進みたい方向に進んでいるかどうかがとても重要になってきます。ですから、見える症状をなくすことだけに躍起になると、一旦は回復したように見えても、再び同じ症状が現われるか、別のところに不調が現われ、あなたの中にある魂との「ズレ」に気づかせ、本来の方向に進ませようと何度でも繰り返します。

魂は、あなたが人生を通してさまざまなことを体験し、学ぶことで、その光をより輝かせることを望んでいます。ですから、私たちに必要なことは、その時の状況から自分を知り、対応の方法を広げて体験から学んで、あなたを成長させていくことなのです。

ひとから教わった知識や情報そのものには大きな意味はありません。得た知識を心で感じ、体験し、人生に生かしてこそ意味あるものになるのです。その意味で、病は成長のチャンスであり、病を通じてあなたが成長したとき、症状はもはや不必要になり、やがて遠のいていきます。もしも私たちが魂の声を感じ、それとともに生きることができれば、病は起こりようもなくなるでしょう。

そして、もはや心身の苦しみや痛みによって学ぶ時代は終わりを告げるかもしれません。それこそ、ギリシャのデルフィの門にある「汝自身を知れ」です。私たちが自分自身を深く知れば知るほど、自分の本心が分かり、自分の人生の目的や存在の意味が分かっていきます。そして、他者をより理解し、自分とひとを愛することを学ぶでしょう。それは、宇宙を知り、この世の真理を知ることにつながっていきます。私たちの真の心身の癒しや健康は、人生の癒し、世界の癒しにつながるのです。

スピリチュアルな気づきの第一歩は、自分の身体の調子を知る、つまり身体の声を聴くことから始まります。自分の身体のことは分かっているつもりで、実は気づいていないことは珍しいことではありません。

たとえば、肩こりがあっても気づかず、美容院などで肩を揉んでもらって肩がこっていることに初めて気づくことがあります。知らないうちに疲労を蓄積させ、気づいたときには疲労困憊して倒れる寸前、にもかかわらず頑張り続けようとする人が大半です。身体は外からのストレスに反応して微妙に変化しているのに、そのことへの気づきが乏しい状態を、心身医学では「アレキシシミア」（失体感症状）と呼んでいます。

同様に、自分の感情や本心の気づきに乏しい状態は「アレキシサイミア」（失感症状）と呼ばれています。周囲に自分を合わせて、自分の気持ちを表現しないことが長く続くと、素直に湧き起こる自分の感情を抑える（抑圧）ことが癖になり、ひどくなると、起きている自然な感情すら認められなくなって（否認）しまうのです。

また反対に、身体のことを気にしすぎてしまう場合もあります。常に病気のことを心配しているいわゆる神経質といわれるタイプです。この場合の身体への気づきは、適切な身体感覚ではなく、不安からくる身体への注意集中です。

心身の感覚への気づきが乏しかったり、過剰に気にしてしまうのは、いずれにしても、ありのままの自分でいいと認められないからです。そのため、ひとからの評価が気になってしまう、ひとから評価されないと見捨てられてしまうんじゃないか、失敗したら駄目だと思われるのでないかという恐怖です。また、直面したくない事実や変化したくない気持ちがあるときにも、自分の本心に気づくことを無意識に避けてしまいます。ここで、一例をあげましょう。

厳しい両親に育てられたJさんは、両親から認められるためには優等生でなければなりませんでした。勉強でも運動でも、足りないところがあると、両親から怒られ、頑張るように厳しく言われました。Jさんは親の顔色を見ては、なるべく親の期待に応えるように優等生であり続けました。

結婚後は、Jさんに厳しく当たるお姑さんにも、家計を助けるためにパートに行きはじめてからは、職場の人たちにも気をつかう毎日でした。自分のことよりひとのことを大切にするようにと厳しく教えられてきたJさんは、どんなにつらくても、泣き言一つ言わずに頑張ってきました。

けれども体は悲鳴をあげ、ついに胃がんになってしまったのです。初めはがんですら、自分が弱いからなったのだと自らを責めていたJさんでした。しかし、死を目の前のものとして見たときに、本心から人生がこれで良かったとは思えない自分がいることに気づいたのです。

頑張り続けてきたのは周囲からの評価を気にしていたためで、自分がしたいことをするのはわがまま、怒りや反発心をもつのはダメなこと、怒られるのは自分が十分でないからと思い込んでいたことに気づいたのです。初めて自分の本当の気持ちに触れたとき、涙が流れて止まりませんでした。

手術は無事成功し、Jさんは、長年やりたいと思ってきたフラワーアレンジメントを習いはじめ、つらいときにはつらいことを家族に伝えるなど、自分を大切にすることを実践しはじめました。このように、ありのままの自分を見つめはじめたJさんにとっては、これからが本当の人生といえるでしょう。

気づきは行動の変化をもたらす

気づきは知識ではありません。自分が感じ、体験したことを通して分かったことが、ハートで感じられる、腑《ふ》に落ちる感覚です。頭ではなく、胸や身体の奥深いところから「あっ、そうか！」という思いが湧き上がってくる感覚。そして、気づいたことが行動の変化となって現われます。分かったことが行動につながって初めて、本当に気づいたことになるのです。「分かりました。でも○○はちょっと無理です」というのは、頭だけの理解であって、本当の気づきではないのです。

では、身体の状態を通して自分を知るにはどういう方法があるのでしょうか？

最も簡単な方法は、自分の呼吸の状態を意識しながら観察することです。身体も気持ちも安らかでいい状態のときには、ゆったりとした深い呼吸になっているはずです。気持ちが動揺したり、緊張したり、身体のどこかに異変があってつらい状態のときには、浅く速い呼吸になっているか、その瞬間呼吸が止まっています。

呼吸は自律神経の働きによって調節されています。息を吐くときには、リラックス時に働く副交感神経が作用し、息を吸うときには、主に活動・興奮状態で働く交感神経が作用しています。自律神経は胃腸、心臓や血管など、身体の臓器の働きを司る神経です。自分の心臓や胃の動きそのものを意識的に調節しようとしてもそれは困難ですが、呼吸を調節することで自律神経の働きを調節することができます。

そして、ゆったりとした腹式呼吸をすることによって、自律神経のバランスが整い、身体がリラックスし、身体がリラックスすると自然に気持ちも安らかになっていきます。このように、通常自分では意識的に調整できない自律神経の働きを、呼吸を通してそのバランスを図ることができるのです。

呼吸は、伝統医療や民間療法の中でも養生法として重要視されてきました。ホリスティック医療、統合医療の世界的リーダーであるアリゾナ大学のアンドルー・ワイル先生が、「ホリスティックな健康法の中でカギとなるものを一つだけあげるとするならば、呼吸法である」と述べているほどです。

また腹式呼吸では、横隔膜が柔軟になり収縮と弛緩をしっかり行えるようになります。そのため、内臓へのマッサージ効果も期待できます。さらに、呼気を十分行っているときには、胸空に陰圧が十分かかるため心臓へ還流する血流が増加するので血液循環にも良いのです。これらの働きによって、適切な腹式呼吸をすると身体がリラックスして、温かく感じられるようになります。

エクササイズ　基本的な腹式呼吸

まずは、基本的な腹式呼吸から始めましょう。

吸気時に腹部が膨らみ、呼気時に腹部がへこむように呼吸します。吸気よりも呼気を長い時間かけるように意識して、力まずに7割くらいの呼吸を行います。慣れない間は座った姿勢で腹式呼吸を行うのは少し難しいかもしれません（図15）。

そのような場合には、仰臥位《ぎょうがい》でおへそのあたりに、500gから1kgまでの重さのものを置いて練習しましょう。本や小さなクッションでもかまいません。置いたも

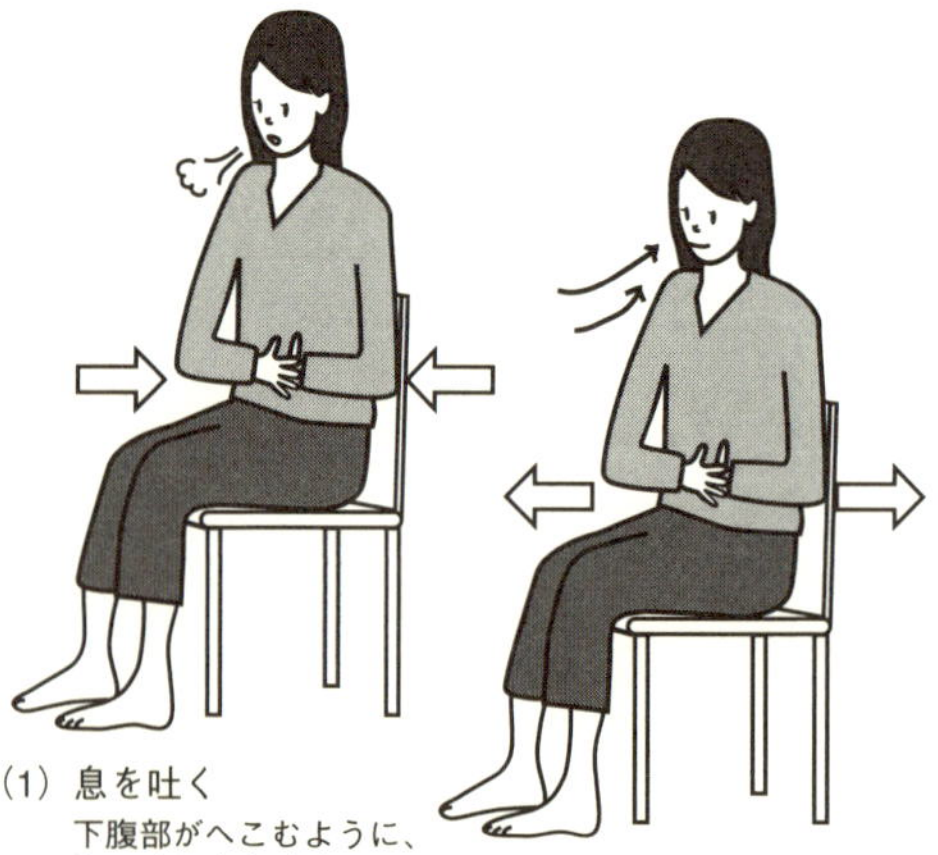

（1）息を吐く
下腹部がへこむように、
ゆっくり息を吐く。

（2）息を吸う
下腹部が膨らみ、
息が自然に入ってくる。

図15　腹式呼吸

のが呼吸とともに上下するように、まずゆっくりと息を吐き、ゆっくりと息を吸い込みます。しっかり息を吐くことができれば、自然と空気は肺に流入するので、吸おうと努力しないことがコツです。それが十分できるようになったら、座位や立位で腹式呼吸が行えるように練習しましょう。静かなところ、電車などの移動中、仕事の合間など、いつでもどこでもできるようになるとしめたものです。

また、日頃から自分の普段の呼吸を観察してみましょう。呼吸は気持ちの状態によって変化します。何かを行っているときや急いでいるときだけでなく、動揺したり、怒ったりしているとき、必ず呼吸は止まっているか、浅く速くなっています。また、心が落ち着いているとき、呼吸はゆったりとしています。反対にわざと浅く速い呼吸を続けると、それだけで落ち着かない気持ちになったり、ゆったりとした呼吸を続けていくと、落ち着いて穏やかな気持ちになるのを感じます。つまり、呼吸を意識的に変えることによって、気分も調節することができるのです。できるだけ呼吸に意識を配り、ゆったりとした呼吸をするように心がけるようにしましょう。

身体との直接対話

身体の不調や違和感は、魂が本来進む方向と今のあなたの行動、思いにギャップがあることを伝えるメッセージです。あなたがこのメッセージを受けとめることができるまで、粘り強くメッセージは送られ続けます。ですから、メッセージを早い段階で素直に受けとめることが、健康になるためのカギです。

身体のメッセージを受信する一人で行える方法としては、身体との直接対話がお勧めです。この方法は、異変のある身体の部位をまるで一人の人格のように想像して、あなたとその部位とで話をしていくというものです。

静かな環境で、身体を締めつけるものは外すか緩《ゆる》めるかして、身体の気になる部分に意識を向けます。まず、その部位がどんな感じがするかよく感じてみましょう。痛みがあるのか、重いのか、どんな感覚がするでしょうか？　その感覚はどんな気持ちを起こさせるでしょうか？

どんなときにその感覚が強くなるか、または軽くなるのか、その感覚を十分に感じてみましょう。十分に味わえたら、その部位に向かって声に出して話しかけてみます。次のように聞いてみましょう。

腰痛の場合なら、「腰さんは今どのように感じていますか？」「その感覚を通して腰さんが私に伝えたいことは何ですか？」「何か私に腰さんに対してしてほしいこと、できることはありますか？」と。

すぐに答えが返ってくるとは限りません。その部分に気持ちがあると思って、伝えてくれるまで尊重しましょう。少し時間がたっても分からない場合にはこう話しかけてみてください。

「あなたのメッセージを上手に受けとれなくてごめんなさい。でも本当に分かりたいので、あきらめずに辛抱強く教えてください」。そう身体にお願いするとともに、いつも自分のために働いてくれていることへの感謝の気持ちを伝えましょう。

今まで分からなかったことを始めたばかりです。あせる必要はありません。あせらずに、毎日対話を続けていくと必ずメッセージが伝わるときがきます。なぜなら、私たちはそれを聞きとることを忘れてしまっているだけで、誰にでも聞きとる能力は備わっているからです。

第3章 実践4・心の声への気づき

心のケアが必要な理由

私たちの身体と心は互いに影響し合っていて、自転車の前輪と後輪のように二つが一緒になって働いています。脳の中にある身体のコントロールセンター（視床下部）は、心のコントロールセンター（辺縁系）からの指令を受けているのです。と同時に、身体のセンターの変化は心のセンターにすぐさま伝わります。現代社会で見られる身体の不調は、多くの場合、心の緊張感や不安が原因といっても過言ではありません。

以前、職場の懇親旅行で温泉に行ったときのことです。そのとき、私は旅行の2日前からお腹の調子を崩していました。何も食べることができず、何が原因かもはっきりせず、旅行は無理かなと思ったものの、ともかく参加しました。

温泉旅館に着くと、森の中にいるような、木々や岩で囲まれた露天風呂に入りました。久しぶりにゆっくりした時間を味わいながら、身体がほぐれていくのを感じていました。身体がほぐれてくると心もほぐれ、いろんな思いが浮かび上がってきます。

「……そうか、実はあのことをこんなに気にしてたんだ。本当はつらくて泣きたい気持ちだったんだ。なのに気持ちを抑えていたから、身体がサインを出してくれたんだ……」と自分の本当の気持ちに気づいたのです。そして、涙とともに心を十分感じ、受けとめ、いたわってあげました。するとその夜には2日ぶりに食事をとることができ、翌日にはすっかりよくなっていました。このような体験は、きっと皆さんもあると思います。

自分の気持ちは自分がいちばん分かっているようで、実は意外と分かっていないものです。なぜなら、心は海に浮かぶ氷山のようなものだからです。氷山は、海面から見えている部分は全体のごく一部で、ほとんどは海面の下に隠れています。心も同様で、自分で意識できる顕在意識と呼ばれる部分は心の一部で、意識できない潜在意識の方が圧倒的に大きいのです（図16）。

図16　顕在意識と潜在意識の関係

たとえば、イライラしているときの原因は目の前のストレスフルな状況だけだと思いがちです。しかし、常にイライラしていたり、ちょっとしたことでもすぐイライラする人は、目の前の状況は引き金にすぎず、その奥に本質的な要因があるのです。

家族からの些細な一言にすぐ腹を立てたり、きつい口調で言い返してしまう場合には、その一言が問題ではなく、日頃から家族から理解されていない、愛されていないという思いが隠れていることがあります。

つまり、イライラや怒りは自覚している表面的な感情にすぎず、その奥の潜在意識には、悲しみがつまっているのです。そのような場合には、その深い悲しみに触れ、受けとめることが必要で、その感情が癒されたときに、自分とのつながりが取り戻されます。そして、そのつらさを周りに素直に表現し、受けとめてもらうことができたとき、周りとのつながりも取り戻されるのです。

そんな無意識にしまい込まれた心の声、本心に気づくにはどうしたらいいのでしょうか?

最も簡単な方法は、ゆったりと身体がリラックスできる静かな時間を持つことです。たとえば、自然の中でゆっくり過ごしたり、温泉やリゾートなど日頃の仕事や生活の場から離れて一人の時間を持ったとき、呼吸法を行っているとき、瞑想をしているときなどは、心にゆとりができ、心の声に耳を傾けやすくなります。

【ポイント①　姿勢から心の声を聴く】

私たちの本心は、身体の姿勢や行動の変化として現われることがよくあります。生体エネルギー法を確立したアレクサンダー・ローウェンは、押し殺された感情が筋肉の収縮を引き起こし、慢性化すると筋肉の硬直化や姿勢の変化をもたらし、とくに背中の筋肉の緊張は押し殺された怒りと関連していると述べています。それを物語る、腰痛を持った患者さんの例です。Kさんは養子として育てられ、結婚後もひとにはいえない苦労をされてきました。それでもくじけることなく、ひとに親切に生きてこられた方でした。

しかし、慢性の腰痛に悩まされ続け、腰部から背中の筋肉を触ると張りつめて板のように硬くなり、腰を反った姿勢をされていました。いつも気持ちを張りつめ、精一杯生きてこられたことがうかがえました。

義理の両親からのいじめに対する怒りの抑圧は筋肉の収縮をもたらし、くじけそうになる自分を支えるために、身体を支える腰部にさらに力を入れざるを得なかったのでしょう。筋肉を緩める運動やリラクセーションを行うと気持ちがほぐれ、今まで誰にもいえなかった苦労や気持ちのつらさを涙ながらに話されました。すると、あれほど硬かった腰部の筋肉がさらにほぐれ、痛みも変化してきました。そして過去の感情を解放すればするほど痛みは楽になっていったのです。

このように、身体の声を聴くと、しばしばその奥の心の叫び声が聴こえることがあります。本当の気持ちに気づくのはつらいかもしれませんが、本当の気持ちに気づき、それを受容しなければ、身体と心はバラバラになり、つらい状況が続くのです。

解消されなかった思いや感情は、私たちの記憶に残ります。何かがその記憶を刺激すると、意識するしないにかかわらず、自動的に心身に変化が起きるのは自然な身体のプロセスです。その思いが強く、長年のものであればあるほど影響は大きいのです。「仕方がない」「どうでもいい」といって放っても、あなたの魂の望む方向とそぐわないものであれば、必ずそれを解消するように、あなたらしい方向に進めるように魂は語りかけてきます。

初めは小さな声で、そしてだんだん大きな声となって……。重い病であればあるほどその叫び声が大きい証拠です。ですから、重い病になってしまう前に、小さな心の声を見逃さないことが大切なのです。

【ポイント②　症状から心の声を聴く】

身体の症状から心をケアする際、症状の出ている場所、出ている感覚に注意を払うことで、自覚していないあなたの気持ちを推し測ることができます。症状は当てずっぽうに出ているのではなく、あなたの気持ちの状態をよく表わしているのです。

たとえば、頭痛は考えすぎているときや、生活に適応するために脳を使いすぎているときに起こりやすいのです。首が痛いときは、本当に首が回らないほど忙しかったり、ある方向を見たくないのかもしれません。胸の痛みは、愛が感じられず孤独に耐えられないつらさと関係している場合があります。痛みは心の痛みや怒りや不安であったり、足の不調は、もう前へ進めない、立ち止まってほしいという心の叫びであることを、患者さんとの関わりを通して実感します。

Kさんの場合、腰は自分を支えることを意味し、痛みは怒りを意味していました。自立と甘えのバランスがKさんの大きなテーマだったのでしょう。姿勢に関しても、猫背は本当の自分の抑圧であったり、お腹を突き出して偉そうな感じの姿勢は、自己顕示とその裏にある自信のなさと不安の裏返しであったりします。このように、まず症状のある場所やその働きからどんな意味があるのか、症状として出ている感覚から背後にある感情を推察してみましょう。

エクササイズ　心の声を聴く

では、直接心に問いかけてみましょう。胸に両方の手を当てて、静かに腹式呼吸をします。ただ、静かな時間を味わってください。そして怖がらずにハートがどんどん緩んでくるのを許してあげてください。まるで扉が開くような、氷が溶けるような感覚にゆだねてください。いろいろな思いが湧き上がってきたら、それをそのまま、「そうなんだね」と言いながら、ただ受けとめてください。正しい・間違い、善・悪でなく、海の表面に立つ波を岸辺の砂浜が受けとめるように、ただ受けとめてください。

もし涙が流れたらそれは浄化のサインです。流れるままにしましょう。そして気持ちが落ち着いてきたら、ここまで頑張ってきた自分をねぎらい、「ありがとう」と声をかけてください。もし何も感じられないときは、それはあなたのブロックのサインです。ハートに「大丈夫だよ」と声をかけて心が緩むのを待ってください。

何が感じられても、それは海の表面の波にすぎないことを覚えておいてください。なぜなら本当のあなたは感情ではなく、感情の奥にある魂なのですから。

そして、ゆったりと呼吸している瞬間をただ味わってください。言葉にできなくてもそのこと自体があなたの癒しになります。

第4章　実践5・心の声（感情）を解放する

感情には良い感情も悪い感情もない

では、次のステップに移りましょう。あなたの心の声が聴こえてきたときに、その感情にどう対応したらいいのかについてお話しします。

私たちは、怒りや嫉妬、憎しみ、罪悪感など、心地良くない感情や周囲に表現して嫌われてしまうのでないかと思う感情を「悪い感情」と呼び、楽しさ、うれしさ、愛おしさなどを「良い感情」として区別しがちです。しかし本来、感情に良い・悪いはありません。

感情は海の表面に立つ波のようなもので、外界からの刺激の結果起こる心の反応にすぎないのです。波は、台風のように風が強ければ大波になり、風が凪《な》いでいるときは静かなさざ波になり、風の吹く方向で波の立つ方向も変わってきます。

大きな刺激によって、怒りや憤怒《ふんぬ》が起きるのと、興奮や歓喜が起きるのとでは、同じくらい大きな心のエネルギーが動いている点は同じで、違うのはそれが起きている方向だけです。画家の絵具箱にたくさんの色の種類の絵具が入っているように、私たちの心の中にも感情という名のいろんな色があるのです。そしてそれらはどれも大切な私たちのエネルギーなのです。

感情は絶対的なものでもありません。感情は私たちの信念や思い込みといった判断のフィルターを通して生まれてきます。コーヒー豆の種類が違えば、得られるコーヒーの味が違うように、信念や思い込みが違えば、同じことでも違う感情が生まれてきます。

たとえば、健康な人が美味しいお菓子を食べることは喜びとなりますが、糖尿病のように食事制限を課せられている場合では、お菓子を食べることに罪悪感を覚えるでしょう。さらに、生まれた感情をまた判断することでさらなる感情が生まれ、限りなくこのプロセスが続き、感情にとらわれてしまうこともあります。

お菓子を食べたことで罪悪感を覚え、自分はダメだと自信を失う、そして次の検査が不安でしょうがないのに、分かっているけれどまた食べてしまう。しかし、判断の基準となる私たちの信念や思い込みが変われば、感情も変わってしまうものです。たとえば、お菓子を食べてもそのぶん運動すれば問題ないと考えて運動すれば、罪悪感も不安も起きてこないでしょう。

このように、感情は絶対的なものでもなく、心のパレットを彩る多くの色彩にすぎないとすれば、どんな感情であっても、それを感じ受容することは恐ろしいことでもつらいことでもなく、自分という心の絵を知る大きな助けになります。

私たちの心の中を覗くと、実は相反する二つの思いに悩まされていることに気づくことがあります。単純なことでは、宿題をしないといけないけれど遊びたいとか、ひとといると楽しいけれど一人になりたいときもあるとか。その場合に、どちらか一つにすべきと思うと苦しくなってしまいます。

私たちには常に両方の気持ちがあるものです。相反する二つの気持ち、たとえば悲しみとうれしさの両方を体験し、受容し、良く味わうことで二つの気持ちが統合され、真の深い歓びが味わえるようになるのです。

お釈迦さまは「中道を歩みなさい」と言われました。中道が分かるようになるためには、相反する二つのものを体験していることが大切なのではないでしょうか。そうであれば、自分がネガティブと思っている気持ち、言い換えると、影は成長するための栄養です。影を受けとめてこそ、ひとは成熟していくのです。

過去の解決していない感情は解放されるときを待っている

私たちは、自分がネガティブだと思う感情にふたをしてしまいがちです。過去のトラウマや苦痛はそれが大きければ大きいほど、抑圧して見ないようにして、意識すらしないようになってしまいます。けれど、その思いはなくなったわけではなく、無意識という貯蔵庫に保管されたままになっているのです。

そして、無意識にそのことを避ければ避けるほど、似たような状況を引きつけ、無意識の苦痛の感情が大きくなっていきます。大きくなった感情は保管庫の扉を押し開けようとするので、保管庫の扉をきつく閉ざすために余分なエネルギーが使われ、疲労の原因となり、体の不調や意欲の低下を起こします。

やがて保管庫が一杯になり、それ以上持ちこたえなくなると、些細なことをきっかけとして抑えていた感情が爆発するか、身体症状となって抑圧されたエネルギーが解放されるのです。このように過去の解決していない感情は、忘れているように見えても、実はあなたの身体や心の奥に記憶され蓄積しつつも、いつか解放され癒されるときを待っています。どうか、その蓄積された感情に意識を向けてあげてください。

【感情を解放する方法①　相手に直接伝える】

心の声を聴くことの次に私たちに求められているのは、蓄積した感情の解放です。もし、その感情と関連のある人と現実生活の中でコミュニケーションできる状況であれば、直接、気持ちを伝えることが大切です。それは勇気を伴いますが、互いを理解し関係性を改善する最もパワフルな方法です。

かくいう私も、ネガティブな感情を抑圧した結果、身体を壊した経験があります。

私は、薬は炎症や痛みを一時的に抑えることはできても、根本的にその症状の原因を取り去ることができないことが分かっていました。なので、西洋医学以外にいろいろなことを試しました。生活を変え、海外に住み、食事療法、運動、ヨガ、瞑想を実践し、ヒーリングやマッサージなどを受ける中で体調は完全によくなりました。

しかし、日本に帰国してしばらくして、また痛みが出たのです。そこに何があるのか分からなくなった私は、最後に痛みとコミュニケーションしました。心静かに痛みのある部位に、あなたが伝えたいことは何なのかと問いかけました。時間をかけて耳を傾けるうちに、そこには抑えていた、いえ、本当は認めたくなかった怒りの感情がつまっていたことに気づいたのです。私は自分の中の怒りを認めることが怖かったのです。なぜなら、認めれば外に表現せざるを得なくなる、表現して大切な人との関係が壊れることが怖い、だから無意識に抑圧していたのです。

けれど、それは自分を大切にしていない、自分を心から受け入れていないことだったと気づき、怒りを受けとめ、身体に謝りました。そして、意を決してその怒りを相手に伝えることに決めました。

もしそれを伝えて相手との関係が壊れることになったとしてもいい、自分に誠実であることがいちばん大切だと思いました。ある日、私はその相手と向き合って話をしました。「私はあなたに伝えたいことがあります。これから言うことで、あなたが気を悪くしたならごめんなさい。実は、私はあなたに怒っていたことに気づきました。あなたの事情も分かります。ですから、あなたに何かをしてほしいとか、変わってほしいとか求めているのではないのです。ただ私は自分の本当の気持ちに気づき、自分の気持ちを抑えてはいけない、伝えることが大事だと分かったんです。私には自分に誠実であることが必要です」。このように私は感情的にならずに、心を込めて感じていることを真剣に言葉にしました。

その人は、初めはびっくりした表情でしたが、私の語る言葉を神妙な表情で聞いてくれました。私が言い終わると、話はそれで終わりになりました。こんなふうにひとと話をしたのは、私にとっても初めてで、何が起こるのかなどまったく予想もできませんでした。

しかし、不思議なことに、自分の気持ちを伝えた翌日には、痛みは消え去っていたのです。そして、驚いたことに、二人の関係はより良いものへと変わっていったのです。あのときの会話は、互いが相手に誠実で、互いの魂の琴線に触れる会話であったのでしょう。

自分の気持ちを伝えるときのポイントは、互いに時間にゆとりがあり、静かな環境を選ぶことです。自分の気持ちに誠実になり、アイコンタクトを取りながら、相手を責めるのでなく、お腹の底から自分が感じた感情を率直に話せば、ほとんどの場合、気持ちが伝わるでしょう。

もし、相手にうまく伝わらなくても、自分に誠実であったことがその後の人生に大きな意味を持ってきます。もしそのとき、相手に理解してもらえなかったとしても、何かが心に響いて、後になって気づいてもらえることが多いのです。なぜなら、あなたが自分を大切にし、誠実にコミュニケーションしたことは、宇宙を介し時空を超えて相手に伝わるからです。

【感情を解放する方法②　出さない手紙を書く】

もし、その感情と関係のある人ととても会えそうもない、もしくは、もうこの世におられない場合には、あなたの思いを綴った出さない手紙を書くのも助けになります。ずっと言いたかったけれど言えなかったこと、聴いてもらえなかったこと、あなたの本心を全部手紙に書きましょう。

実際に出すことのない手紙ですから、あなたの思うことを正直に、何でも書いていいのです。すべて言いたいことを書いたなら、手紙に封をして、過去の思いが解放されあなたが自由になるための儀式を行いましょう。誰もいないところで燃やしてしまうのも一つの方法です。あなたの思いは炎で変容し、煙となって天に昇り、もうあなたを苦しめることはありません。

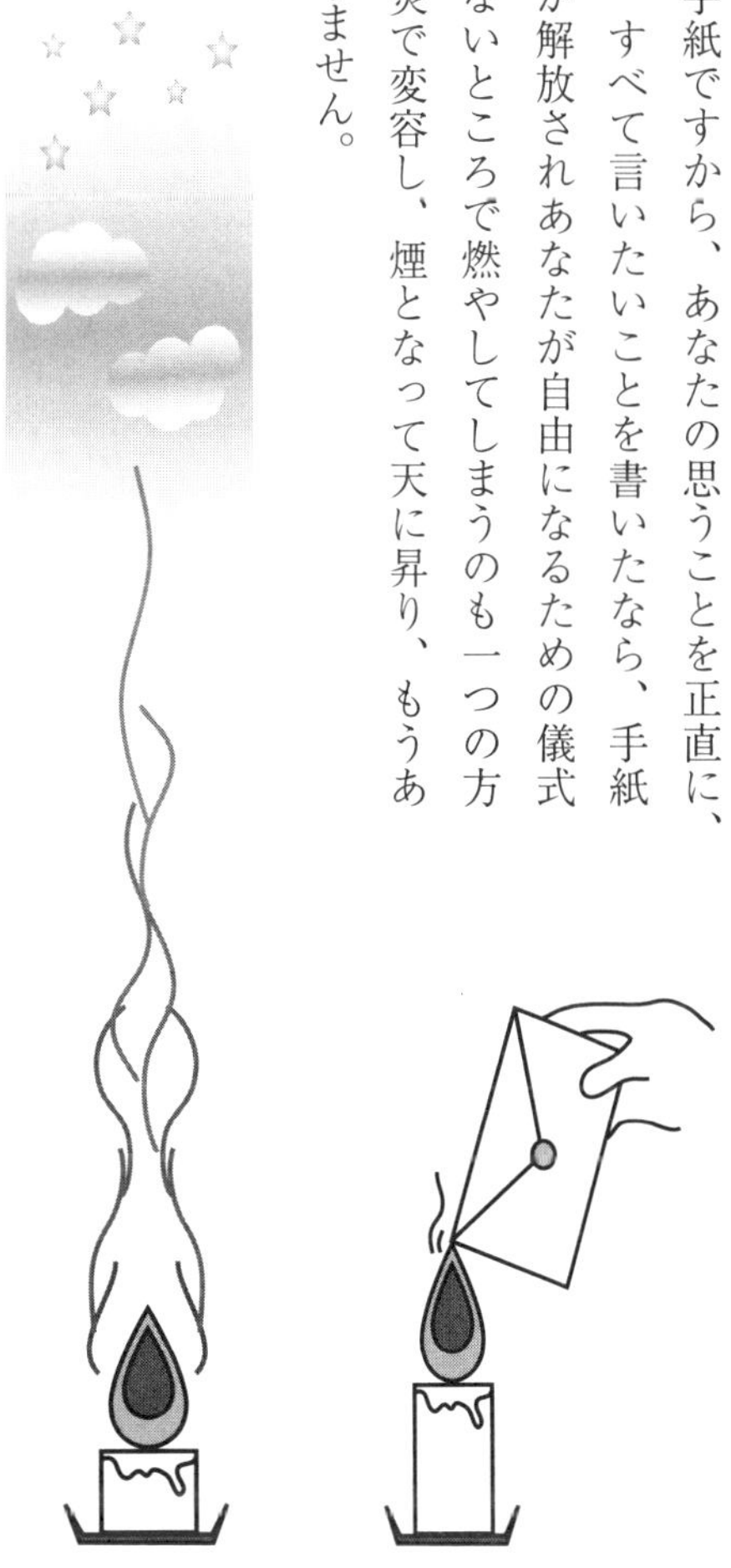

【感情を解放する方法③　感情の癒しのイメージ瞑想】

もう一つの方法は、感情の癒しのイメージ瞑想です。私が絶食療法で入院したときのことです。これは10日間の絶食を行う心療内科の外科手術ともいわれる治療法です。

断食は、生命力を賦活させる効果があります。飢餓状態というショックを与えられた心身は、すべての機能を発揮して生命を維持しようとします。そのとき、乱れていた身体のバランスが修正されるとともに、心理的な気づきや意識の変容が促されるのです。

私の場合は、背中から首や肩へのひどいこりによる痛みがありました。絶食が進む中で首や肩のこりはしだいに取れていきました。しかし、背中の下の方の痛みだけが取れずにいたのです。

絶食7日目のことです。「この痛みが取れないのはどうしてだろう？　何と関係しているのだろう」と思っていたとき、はっと気づきました。それは子どもの頃、両親が喧嘩をし、父が母親に手をあげたときの恐怖がよみがえってきたのです。そんな過去のことはとうに忘れていたと思っていました。でも私の身体にはそのときの記憶が残っていたのです。

そのとき行ったのが、次に述べるイメージ瞑想です。その瞑想を行った直後に、しつこかった痛みが消えていました。

エクササイズ　過去の感情を癒す瞑想

(1)　大きくゆっくりとした呼吸をしながら、静かに目を閉じましょう。大きく息を吐いて、吸って、吐いて、吸って、吐いて、吸って、吐いて……。ゆっくりと呼吸するたびごとに、身体から緊張が取れてゆきます。気持ちがゆったりと落ち着いてきます。心や頭に何か浮かんでくるものがあっても、それは大空にある雲のように静かに流れて消えてゆきます。そして何もない大空が広がっていきます。

(2)　では、これまでの人生で、あなたが傷ついたり、とてもつらい目にあったり、苦しかった状況を思い出してください。それはいつのことですか？　どこにあなたはいますか？　誰といますか？　それはどんな状況ですか？　どんな会話があったのでしょうか？　そのときの状況を思い出すだけでもつらいかもしれませんが、舞台を見ているかのように、そのときの状況をできるだけ詳しく思い出しましょう。

(3)　そのときのあなたは何歳ですか？　そのときのあなたはどんな表情をしていますか？　どんなふうに感じているのでしょう？　痛みや悲しみ、嫉妬かもしれません。恐れずにそれらの感情を感じてみてください。あなたの感情はあなたの大切な一部です。涙が出てきたり、恨みつらみが起こってきても、それらをしっかりと受けとめてあげてください。

(3)

(4) あなたの周りにいる人はどんな表情をし、どんな感情を持っているでしょう？　ドラマを見るように登場している人たちを見てあげてください。

あなたはまだ小さかったかもしれませんし、大人であったかもしれません。いずれにせよ、そのときあなたはあなたにできる精一杯のことをしていました。そして、周りにいる人たちも、その人たちのペースで精一杯生きていました。あなたが傷ついたのは、誰かが悪い、誰かの責任というのでなく、互いに未熟な点があったり、行き違いがあったからです。みんな懸命に生き、幸せになりたいと思っていたのです。

あなたもそして周りの人たちも、十分そのことを味わいました。もうそのときのことを手放し、変容させるときが今きたのです。

(5) では、天から愛と光が差し込み、今のあなたに流れ込んでくるのをイメージしてみてください。あなたの胸のつかえが取れ、温かさで満たされていきます。あなたのハートが十分に満たされると、ハートからあふれ出た温かいもので全身が満たされていきます。

(6) 今のあなたが十分に愛と光で満たされたと感じたら、あなたの目の前にいる過去のあなたにも愛と光が天から流れ込んでいくのをイメージしましょう。さらに、今のあなたのハートからも、過去のあなたへと愛と光が流れ込んでいきます。過去のあなたが愛と光で満たされていきます。

(7) そして、ドラマの舞台全体が愛と光で包まれていきます。今や、あなたや周りの人たちから愛と光があふれ出し、一体となって舞台から流れ出ていきます。その愛と光は、その地域へと流れ、地方へと流れ、国全体へ広がっていきます。世界中の同じような苦しみを抱いている人たちへも流れ込み、多くの人たちも愛と光で満たされ、輝きはじめます。

やがて、地球全体が光で包まれているのが見えてきました。愛と光に包まれた地球は、とてもうれしそうで、さらに美しく輝いています。その地球の輝きが、宇宙に放たれ、宇宙の果てまで伝わっていきます。

(8) 過去も未来もすべては今、ここにあります。あなたの苦しみは、今、愛へと変容しました。あなたが癒されたことで、世界中の人たちが、過去と未来のすべてが癒されたのです。

(9) では、ゆっくりと意識を現実に戻していきましょう。準備ができたら、あなたの意識をあなたがいるこの部屋に戻します。座っている椅子や音に注意を向けてみましょう。手や足の指を動かして、目をゆっくり開けて、伸びをしましょう。

(7)

嫌な感情とのつき合い方

たとえば、もしあなたが失恋をして、あなたのもとを去っていった恋人のことが気になり、胸が苦しくて困っているとしたら、そのような感情も解放してあげましょう。

もちろん、失恋の悲しみを味わうことも大切な成長のプロセスです。とはいっても、そのことで何も手につかない状態が続くと心身を損なってしまいます。思ってもしようがないと分かっていても、湧き起こる過剰な感情にさいなまれているときには、その感情を抑えるのでなく、脇に置くのが賢明な方法です。その感情が起きてきたら、何かの儀式をして意識を別のものに向けるようにしましょう。

たとえば、指をスナップして、仕事のことを考えるようにするとか、手首に輪ゴムをはめてパチンとはじいて、別のこと、たとえば今日の夕食のメニューを考えるようにするのです。できれば、楽しいことや、グラウンディングができるように現実の生活の中で行うことに意識を向けるとよいでしょう。そのうちに感情にとらわれることが減り、気持ちの切り替えが素早くなっているのに気づくでしょう。

また、ユーモアと笑いが心の健康に必要なことはいうまでもありません。みなさんは、実際の医師がモデルになった「パッチアダムス」という映画をご覧になったことがあるでしょうか? うつ病にかかったパッチは、笑いで病を克服しました。そして、笑いと愛が病の癒しのカギであることに気づいたパッチは、医師になり、ユーモアを取り入れた病院を設立し、全人的な医療をアメリカで実践しています。

また、笑いヨガ療法も近年注目されています。笑いが免疫力を高め、健康に良いことは、医学的にも検証されています。すぐに解決できない感情があるときには、ともかくユーモアを持ち、笑うことで滞った心のエネルギーを変化させることができます。最初は笑える気持ちがなくても、笑顔で「ワッ、ハッ、ハッ」と声を出しているうちに、自然な笑いができるようになって、生命エネルギーが動きはじめます。

第5章　実践6・思考のケア

思い込みが現実をつくる

感情は、私たちの信念や思い込みといった判断のフィルターを通して生まれます。つまり、思考は設計図にあたり、感情は建築家を動かすエネルギーのようなもので、その両方が現実の建築物をつくり出しているのです。

たとえば、「家庭は安らぎの場だ」という信念の持ち主であれば、安心の感情を伴い、落ち着いた木造建築の家を建てるかもしれませんし、「家庭は地獄だ」という信念の持ち主であれば、恐怖というエネルギーから、殺伐とした家がつくられるでしょう。

私たちの信念の多くは無意識の中に根を下ろし、気づかないうちに私たちの行動や感情をつくり出し、さまざまな現実を生みだしています。認知療法という心理療法では、この深く根を下ろした思い込みや信念を、自動思考と呼んでいます。

私たちは大人になるまでの間に、たくさんの考え方を積み上げます。それは、大人になる過程のその時点その時点で必要であったのですが、今になればもう不必要なものもたくさんあります。しだいにその不必要になった考え方は、あなたを縛りはじめます。

個人的な問題の要因の多くは、古い不要な考え方でも、今まで慣れ親しんだものを手放すことへの不安から手放せず、今の自分にふさわしい考え方を取り入れる余裕が生まれないことにあります。子どもの頃に、外は寒いのでいつもコートを着るようにいわれたために、大きくなっても小さくなった窮屈なコートを着ているようなものです。

高校生になったら中学の制服から高校の制服に着替え、大学生になったら制服が必要でなくなるように、私たちの成長には、いらなくなった考え方を片づけて、新しい真実に従った考え方に変化していくことで、より快適に幸せに過ごせるのです。

こんなケースがありました。50代のLさんは、子どもの頃から家族の中で波風を立てないようにし、いつも周囲の意見に合わせることが、よき娘、よき嫁、よき妻として大切なことだと信じてきました。

本当の自分の気持ちやしたいことを抑えてきたLさんは、安定した生活は得られたものの、心の中にはどこか空虚な思いを抱きながら、しだいに大きくなっていきました。でも、その思いが何なのか、どこからくるものなのかが理解できませんでした。

周囲の期待にこたえ続けてきたLさんは、やがて子どもが巣立ったとき、重い病に倒れました。病院のベッドの上で今までの人生を振り返ったとき、よき娘、よき嫁、よき妻でなければならないといった信念に縛られて、自分の気持ちを抑え、行動を制限していたことに気づきました。

今まで通りのやり方で生きるのか、それとも自分の気持ちを表現していくのか――答えは明らかでした。自分らしく生きることを選択したLさんでしたが、周囲に「ノー」と言っていいと思えるようになるまで、しばらく時間がかかりました。

今までひとに「ノー」と言ったことのなかったLさんが勇気をもって夫に「ノー」と言えたとき、肩の荷がスーッと下りたように感じられたそうです。その後、自分の気持ちを言葉に出すことがスムーズにできるようになったLさんは、「今の自分は生まれ変わったように感じる」と言います。

「すべきである」という信念ではなく「〇〇したい」という意欲を

私たちの信念の多くに、「〇〇しなければならない」「〇〇すべき」といった考えがあります。こういった考えは、恐れ、罪悪感、恥の感情、善悪、あるいは全か無といった判断に基づく分離の思考パターンから生まれます。そうした思考のもとにあるのは、親や社会から刷り込まれたパターンか、自分のハートではなく、頭がつくり出したものがほとんどです。

そのため、このフレーズを思ったとき、言葉にしたとき、背景にある感情や思考パターンが呼び起こされ、身体に緊張が起こります。同じ内容でも、「〇〇したい」という、ハートから出ている場合は、歓びと意欲に基づいているため、身体にはエネルギーに満ちた感覚が起きるでしょう。

同様に、私たちが何かを達成したときには、その内容だけでなく、そのことの背後にある思いも達成されます。つまり、ひとに嫌われるかもしれないという恐れのために、ひとに優しくしなければいけないと思って行った行為からは恐れが表現され、その人を愛する思いから行った優しい行為からは、愛が表現されるのです。

このように、同じことをしても、ひとによって受けとる印象が違ったり、周囲の人びとへの影響が異なるのは、その背景にある思いが違うからです。

人間の意識には顕在意識よりも、潜在意識の方が広く深いため、潜在意識にある思い込みは知らないうちに強く働いています。「おっしゃることはよく分かります……」「そのように考えるようにします……」という言葉の裏には、本当はそれよりも優先されることがある、もしくはそうしたくない、そうするのが怖いといった気持ちが隠れていることが多いのです。そのため、言葉で言ったこととは違う、本心にある思い込み通りの状況がつくり出されてしまうのです。

また、どんな信念であっても、それを持っているのはあなたです。親から教えられた、社会から知らないうちに取り込んでしまった不要な信念であっても、その責任を担うのは親でも社会でもなく、自分自身です。なぜなら、それを受けとり保持してきたのはあなた自身であり、手放すか保持するかもあなた次第だからです。裏返せば、あなたに選択の力があることを意味します。誰かに責任をゆだね、依存することは、大切なあなたのパワーを失うことに他なりません。誰かのせいと恨んでみても何も始まらないのです。あなたに真の自由を与えてくれるのは、不要な信念を手放していくあなた自身の責任と力です。

意識の力を有効に使いましょう

信念、意識には現実をつくっていく力があり、その力をコントロールしているのはあなた自身です。あなたの力を有効に使って幸せになるために、まず、あなたの言葉、願いの奥にある本心を確かめましょう。

もしそれが、恐れ、罪悪感、恥の感情から来たり、善悪、全か無でひとを裁くタイプのものなら、立ち止まって、その思いを愛と歓びに変えていきましょう。たとえば、「職場での評価が落ちてしまうから勉強しないといけない」ではなく、「新たな知識を職場にフィードバックし、よりよい職場環境になるとうれしいから勉強する」といった具合にです。

そして本当に楽しんで、または楽しいと演技をしているつもりで取り組んでみてください。「〇〇ねばならない」「○○すべき」はもうあなたには不必要です。本心からそう望んでいるハートの声に耳を傾けて、本来持っている力を取り戻しましょう。

不要になった信念を手放すのは、慣れ親しんだ教科書を捨てるようで、さびしく、不安で、罪悪感を覚えるかもしれません。しかし、それは捨ててしまうのではありません。中学校を卒業すれば、勉強した教科書を持ち歩かなくても、頭の中にはすでに必要なものが入っていますね。高校では新しいことを勉強しますが、それは中学で学んだものがあるからこそ学べるのです。ですから、不要になった信念を手放すことは、それに感謝しつつ脇に置き、新たなオプションを増やしていくことを意味します。

新しい考え方のオプションが多ければ多いほど、あなたの可能性は広がります。素晴らしいストレートを投げるピッチャーであっても、シュートやカーブなど球種が増えた方が試合で有利なことはいうまでもないでしょう。思考を柔軟にし、創造力を使って考え方のオプションを増やしていくことが、停滞した思考のエネルギーを解放し、豊かにしていくことになるのです。

別の視点を持つことで新たな道が開ける

不要な信念を手放し、新しい信念のオプションを増やすことは、それまでとは違う視点を持つことによってもたらされます。

平面の上に1匹の尺取り虫が進んでいるとします。その尺取り虫の目の前に大きな岩を置いてみましょう。尺取り虫は自分の目の前に大きな壁が立ちはだかったのでびっくりするでしょう。それでも岩壁を這って岩の向こうに進もうとするかもしれません。

けれど岩壁が急峻《きゅうしゅん》であれば、進むことができず、途方に暮れてしまうでしょう。なぜなら尺取り虫は前へ進むことしか知らないので、岩の周りを歩くといった発想がないからです。

では、その平面に1匹の犬が歩いているとして、犬の目の前に大きな岩を置いてみましょう。初めは登ろうとするでしょうが、あまりに急で疲れて、もとの場所に戻るかもしれません。今度は後退して岩を離れたところから見て、岩の周りを迂回することを選ぶかもしれません。犬は、尺取り虫と違って前後左右の空間を認識できるからです。

では、1匹の鷹がその平面にいるとしましょう。そして鷹の眼前に大きな岩を置いたら鷹はどうするでしょうか？　おそらく飛び立ちその大きさを空から眺め、空を飛んで岩を越えるでしょう。なぜなら、鳥は立体的に空間を認識できるからです。

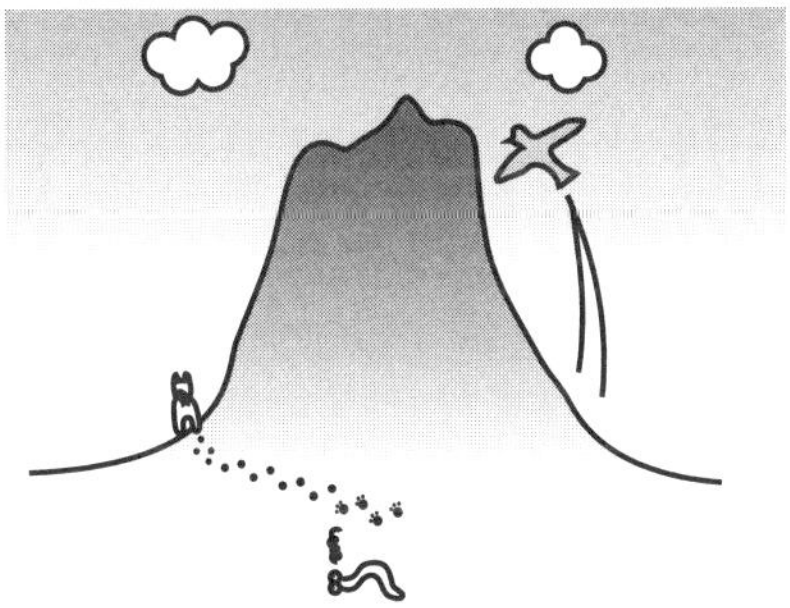

私たちが不要な信念を手放し、新しい信念のオプションを増やすことはこれと同じです。新しい考え方、見方が増えるほど、物事を広い視野でとらえ、物事に柔軟に対処できるようになります。

同じ視点で困難な状況を見続けても、うまい解決方法を見出す可能性はほとんどないでしょう。別の視点からその状況や自分を見つめれば、新たな道が開けてきます。視点が変化し、多様になることで気づきが促され、癒しが起こるのです。

尺取り虫から鷹の視点への変化は、二次元から二次元への視点の変化です。三次元に生きる私たちにとっては、まず自分や状況を客観的に離れて見ることが、別の視点をもたらすことになります。さらに、身体や心の次元から、魂の次元への目覚めに意識が広がることで、より広い視点が得られるでしょう。そして、四次元や五次元といった時空を超えた視点と飛躍的な癒しを得る可能性すら私たちは持っているのです。

そのためにも、常に「素敵だな」「美しい」「心からそうしたい」と思える、感じられる側面に注意を向けましょう。たとえどんなにひどいと思える状況や相手でも、一つくらい素敵なこと、または素敵と解釈できる点はあるものです。

そして、ものごとを学びや気づきの機会として、肯定的に考えるように心がけましょう。また、善か悪、全か無で判断せずに、どんな状況にもひとにも、いろんな側面があることを理解しながら接しましょう。判断がもたらすものは、全体性ではなく分離の感覚です。分離の感覚からは、自分と相手の双方ともに納得や満足のできる結果は生まれず、どちらかに感情のしこりが生まれます。

双方に幸福感が得られるWin-Winの関係は、自分と他者を同じように尊重する姿勢から生まれます。あなたも、相手も、今のままで十分やっていると尊重してください。そして、どうしたら誰もが持っている素敵な面や美しい面が大きくなるかを考えるようにしましょう。そのようなポジティブな思考パターンが身についてくると、毎日の生活や人間関係がイキイキワクワクするようになり、生命エネルギーが活発に流れるようになります。

過去の思考や信念の枠にとらわれず、分離や対立の次元を超えた柔軟で肯定的な考え方を持つことが、スピリチュアルヘルスにつながるのです。

Part 7

スピリチュアルヘルス　実践編その3

第7章　実践7・魂の声を聴く

直感は魂の声

ここまで、食事や運動を含めて生活そのものを見直すこと、身体と心の声を聴き、気づいた感情や思い込みを解放すること、生活にユーモアを取り入れることなどについて述べてきました。

次の段階は、魂の声を聴くことです。それには、まずエゴという壁を取り払うことが望まれます。エゴとは、心の葛藤や偽りの自我のことで、これが大きくなると生命エネルギーを停滞・低下させます。チベットの伝統医療、チベット医学では「病の根源は人間の無知とエゴにある」としています。エゴにとらわれた想念が蓄積すると、身体を構成しているエネルギーのバランスが崩れ、病になる。だから、エゴが消えたとき病は癒えると説いているのです。

エゴがなくなったときに病はなくなるといっても、凡人にはなかなか難しいことです。幸いなことに、病気になってしまう前に、魂は私たちが本来の状態から離れてしまっていることを気づかせるたくさんのサインを出してくれます。

そのサインを見逃さないことが、病を癒す、予防することの根本的なカギになります。つまり、何よりも

大切なことは、魂の望む方向に生きることが健康につながるのです。魂の声を聴くこと、そこにこそ深い癒しがあり、これが現代医療に最も欠けている視点ではないでしょうか。

では、魂の声を聴くにはどうしたらよいのでしょうか？　心ですらとらえどころのないものなのに、魂となるとまったく見当もつかないと思われるかもしれません。しかし、魂はいろんな形であなたに語りかけています。

身体の声や心の声に対してスムーズに耳を傾けられるようになると、身体と心に余裕が生まれ、思考と感情に振り回されずに心が落ち着いている瞬間が訪れます。そのとき、今のこの瞬間にただあるがままにいるとき、魂は直感という形で話しかけてくるのです。

直感は誰にでもあるものです。たとえば、理由もなくある場所に急に行きたくなったので、訪れてみると知人にばったり出会い、その知人が、自分が来月行く予定の旅行先の情報を教えてくれた、などのように……。理由は分からないけれど、なんとなくこうした方がいい、あるいはしない方がいいような気がして、それに従ったら思いもよらないいいことがあったという経験を持たれたことはないでしょうか。このときの感覚も、直感の一つの現われです。

私は医師として20年近く働いてきましたが、医療現場では、医師が直感を働かせていることも少なくありません。患者さんが診察室に入られるそのときの瞬間に「何かがあったな」と感じたり、身体を触って何かが変だと異変をキャッチしたり、何か気になって病院に戻ったら、患者さんの容体が変化していたり、ということは多くの医療従事者が体験していることです。

患者さんの多くは、ストレスが心身の状態に関係しています。けれども、何がストレスなのか気づいておられない患者さんも多く、医師として背景にある問題を見極めるために直感を働かせることもあります。

直感のサインを認識し、それに従うこと

直感は、いつも私たちに魂の声を送ってくれています。けれどもその声は、思いつきなどのさりげない声で、しかも思考や感情を超えているので見過ごされやすいのです。直感からきているサインが、身体や心に現われた場合には次のような変化を感じます。

［身体の感覚］胸やみぞおちが落ち着かない感じ、胸の奥から何かが突き上げるような感じ、身体がゾワゾワしたり、ゾクゾクする、身体が熱くなる。

［心の感覚］いくら否定しようとしても否定しきれない思い、理由なく私は知っているという感覚がある。

直感からのサインは、初めはかすかな変化かもしれません。しかし、たびたびその変化を感じたり、その変化がなぜか気になってしようがない場合には、立ち止まって、今の状況、これからしようとしていることなどに対する自分の感覚を確認してみましょう。また直感のサインは、周りの環境からの声としても届けられます。書店を歩いていたら、一冊の本が落ちてきて、手にとってよく見たらまさしく必要としていた本であったとか、あることで進むかやめるか悩んでいたら、美しい虹が空にかかっていたので、思い切って進んでみたら思いもよらない良い結果を得た、といったときも直感からのサインが働いているのです。

このように、日常の些細なことの中に込められたメッセージや変化を見逃さないことが大切です。そして、思考や感情で判断するのではなく、その変化によって気持ちのいい感覚になれば、それは進めのサインです。さらに、自分の目が向いたところや、なぜそういうことに出合ったのかを意識すると、そこに込められているメッセージの意味がはっきりと分かるようになるでしょう。

また、何かに惹きつけられるときも直感が働いています。特定の場所や物が存在感を持って見えたり、美しく見えたり、そのことを思うとワクワクしたり気持ちが軽くなるときは、直感のサインです。私の場合も、たとえばお店に入って、必要もないのにある花瓶が気になってしょうがなくて買ったら、数日後、友人からフラワーアレンジメント教室に誘われ、しかもその教室が家の近所だったということがありました。

何度も同じ情報が入ってくるのも直感のサインです。たとえば、宮崎県のある神社のことを3週間の間に4人の友人から話を聞いたので、思いきって参拝に行ったら、以前住んでいた場所と縁の深いところであることが分かったこともあります。

時にメッセージカードを引くことも、直感的な示唆を与えてくれます。私は今後の将来をどうしようか迷っていたある朝、エンジェルカードを2枚引いたことがあります。1枚目は今必要なこと、2枚目はそれをサポートするものを願ってカードを引きました。1枚目のカードはtransformation（変容）で、2枚目は何も書かれていないカードでした。「変化を恐れないで、そして、心をカラにしていれば、必要なことが分かる」ということを意味していると感じました。そしてそのメッセージに従ったことが今につながっています。

直感に従って生きていくと、

・予想や常識を超えた素晴らしい体験や出会い
・魂のレベルでの他者への理解
・魂のレベルでのひととのつながり
・スムーズな意思決定
・人生に対する洞察力の深まり
・人生の目的を実現する力

といったことが得られ、個人の人生を平安で豊かにしてくれます。そして、直感の素晴らしさ、叡智を実感すればするほど大いなるものや宇宙への敬意と感謝が生まれ、自分や人生への信頼が育まれます。そして、不必要なこだわりや抵抗という形でエネルギーを費やすことが減り、すべてがスムーズに流れるようになるでしょう。

エクササイズ　直感を得るために役立つ三つのエクササイズ

では、直感を認識するためにはどのようなことに気をつけたらいいのでしょうか？　それにはまず、直感に対してオープンな心を持つことです。直感へのドアを開き、好奇心をもってサインを受け止める準備をするのです。

そして次に、直感を受けとりやすい状態を整えます。思考や感情のしゃべりを脇に置いて静かな時間を持ったり、仕事中や何かをしているときには、自分の中心を意識して過ごすようにしましょう。

最後に、湧いてきた直感を信頼し、それに従って行動します。直感の声を聴きはじめたときに最も難しいと感じることは、直感に従った行動です。なぜなら、直感は自分の予想を超え、他の人を納得させるような明らかな根拠のないものであることが多いからです。

そのため、変に思われたりしないか、失敗しないかと、不安や恐れに駆られることもあるでしょう。けれど、その声に従って行動すればするほど、人生がスムーズに流れ、さらに多くの直感が与えられることが分かります。

まずは、大きな人生の決断からではなく、日常のささいな買い物や行動の中で直感に従うことを実践してみましょう。直感の声に従う体験を重ねるにつれて、大きな人生の決断の際にも素直に直感を信頼できるようになっていくでしょう。

直感を高めるために効果的な方法が、瞑想です。心をカラにすると魂の声が届きやすくなるからです。私たちの心は、日常の外界からの刺激にさらされていつも揺れ動いています。さまざまな思いが浮かび、時にはそれで心がいっぱいになってしまうこともあります。まるで、あなたの部屋にいろんなものがあふれて、どこに何があるのか分からないような状況です。

直感はいつもあなたにメッセージを送り続けています。しかし、あまりに部屋が雑然としていると、どこに届いたのか、何がメッセージなのかも分からず、しまいにはメッセージの入る隙間もなくなってしまいます。

瞑想はそんな心の部屋を掃除してくれるようなものです。あふれた思いを整理したり、いったん外へ出して、心の部屋を何もない状態にすることで、メッセージを受けとることが容易になります。

あなたが心を悩ませているとき、考え込んでいるとき、悩みや思いを大きな袋に入れて部屋の外に出し、何もない部屋にいるとイメージしてみてください。そして、ただ何もない空間の平和を味わってみてください。そうすれば必ずあなたの魂からの声が聴こえてくるでしょう。

何もない整然とした部屋であなたの心と身体が落ち着いた状態にあると、あなたはあなたの中心に平安を見つけるでしょう。その平安から愛が感じはじめられるのです。

このようにして、あなたの魂と触れ合うようになると、シンクロニシティー（共時性＝意味のある偶然の一致）が起こりやすくなり、直感が冴えるようになります。

瞑想は、心身のコントロールと意識変容を追求する行《ぎょう》として伝統的に用いられてきました。近年、多くの学術研究によって、瞑想は自律神経系、内分泌系や免疫系を含んだ、生体の恒常性の維持に対しポジティブな影響を及ぼすと証明されています。

そのリラクセーション効果によって、ストレス軽減と心身の健康を促進することが明らかになり、欧米では瞑想が医療現場で用いられています。また、瞑想を実践することで、自己への洞察と気づきが深まり、内的な平安を得ることができるため、心理的療法としても用いられるようになりました。

多くの瞑想の方法がありますが、共通する点は、雑念にとらわれないことです。外界からの感覚情報や、思考や感情といった内面からの情報にもとらわれないことで、自己の内なる世界が体感できるからです。

瞑想によって、雑念にとらわれず、心身が深く安らいでいながら適度に意識が集中し、目覚めている状態では、直感や感性、創造力が研ぎ澄まされるといわれています。なにも座禅のようにただ何もせず座っていることだけが瞑想ではなく、すべてを忘れて何かに没頭しているとき、たとえば、芸術創作をしたり、スポーツやダンスなどに集中することも、我れを忘れた状態で、一種の瞑想状態になっています。

【エクササイズⅠ　簡単瞑想】

(1)　静かで、電話やひとの出入りなどの注意をそらすものの少ない場所を選びましょう。ベルトなど身体を締めつけるものは外し、ゆったりとした状態にします。時計は外した方がよいでしょう。

姿勢＝足を組んで（結跏趺坐《けっかふざ》もしくは半跏趺坐《はんかふざ》など）座るか、椅子に座り、背筋が適度に伸びて安定した姿勢を取るようにします。リラックスして心地よくバランスが取れるようになれば、落ち着きをもってその姿勢を保ちましょう。意識が集中しにくいときは目を閉じ、眠気や幻想を予防するため開眼もしくは半眼にするとよいでしょう。手は体の前で組むか、ひざの上に楽にのせます。

呼吸＝呼吸は鼻で行います。まず鼻から息を吐き出し、次に鼻から息を吸い込み、ゆっくりと深い呼吸をするよう心がけます。呼気時に「ひと－つ」、吸気時に「ひと－つ」と声に出さず心の中で数えてもよいでしょう。雑念が湧いてきたら気にせずに注意を呼吸に向けるようにします。数分間ののち身体を伸ばし、ゆっくり目を開けて終了です。

(2) 歩行時や何か行動しているときの簡単瞑想でも、まず呼吸に注意を向け、ゆったりとした呼吸をします。何か動作をするときには、一呼吸してから行いましょう。そうすると、散漫であったり、慌てていた心が落ち着いてきます。そして行っている動作に意識を集中させ呼吸とともに身体を動かします。

【エクササイズⅡ　瞑想の部屋に入る】

(1) 今からあなたは、内なる世界を体験するために瞑想の部屋に入ります。瞑想の部屋に入る前に、あなたは癒しのシャワーを浴びます。シャワーは、あなたの心を悩ませる物事をすべて洗い流してくれます。また、身体の痛みや、落ち着かない、忙しい感情と思考もすべてシャワーで洗い流されていきます。では、シャワーを浴びましょう。

(2) 十分に洗い流されたと感じ、すっきりしたら、瞑想の部屋へ入ります。部屋の中は、何もない真っ白な空間です。部屋の真ん中には、座り心地が良さそうな椅子が置いてあります。あなたはその椅子に腰を下ろし、静かに呼吸をします。ゆっくりと息を吐いて、吸って、吐いて、吸って……ゆったりとした自然な呼吸を続けましょう。もし雑念が湧いてきても、青空に浮かぶ雲のようにやがては消えていきます。雑念の声が大きいときには、もう一度シャワーを浴びて、また座りましょう。

ただ何もない空間の平和な感じを味わってみてください（数分間瞑想を行う）。

では、今いる部屋の音に意識を戻し、手や足の指をそっと動かして、ゆっくりと目を開けましょう。そして伸びをします。

【エクササイズⅢ　直感に従う時間を持つ】

(1) 何をするか決めずに、心に浮かんだことを一人で実行します。散歩がしたければ、行きたいと感じたところに好きなだけ歩いて行きましょう。喫茶店やお店に入りたくなったら、あれこれ考えずに、なんだか輝いて見える、なんだかいい感じがするお店を選びましょう。そして、座席を選ぶときにも、心地よく感じそうな場所に座りましょう。仕事のことも日常のことも脇に置いて、ぼーっと景色を眺めたり、ゆっくりとお茶を楽しんだりしましょう。

(2) そして、感じたことを読み返さずにメモしましょう。心に何か浮かんでくれば、即、行動しましょう。半日か一日このように過ごしたときに、物事がタイミングよくいった感覚を忘れないようにしましょう。それが直感とともに生きる感覚です。

夢が語る魂の声

魂からのメッセージを受けとる方法の一つが、夢です。私の体験でも述べたように、夢は私たちに日常生活の問題点の解決のヒントを教えてくれたり、何かを予知したり、抑圧した思いを伝えるなど、多くの働きを持っています。

また、治療の手助けや心理療法としても夢は重要な役割を果たします。夢療法といえば、エドガー・ケイシー（1877～1945）やユングを思い浮かべる方もいらっしゃるでしょう。

ではなぜ、夢は心だけでなく、魂からのメッセージを伝えるのでしょう？ これは、心が、まるで海に浮かぶ氷山のようなものだからなのです。氷山の海面から突き出ている部分は全体のごく一部で、大部分は海面より下にあるように、心も自分で意識できているのは一部分だけで、ほとんどは意識できない部分（潜在意識）なのです。

またユングは、個人の無意識は、人類が共有する無意識（集合的無意識）につながっていると考えていました。さらに仏教では、個人の無意識は、阿頼耶識《あらやしき》といわれる宇宙の意識のようなものにさえつながっているといわれています。

古代のヒーリングセンターにおいて夢療法が中心的な役割を果たしていたのは、古代の人びとは夢を通して心の奥深く、潜在意識に眠る自分自身や人類の智恵、時には宇宙意識にアクセスすることが重要であることに気づいていたからにほかなりません。

夢は、たくさんのメッセージを私たちに伝えています。単純に見た通りの内容だけでなく、あなたの隠されたペルソナ（心理的な仮面）からのメッセージや、魂の進みたい方向、人類の集合的無意識からのメッセージや人類の進む方向を示唆するものであったりします。

実は、夢は多層構造になっています。夢のストーリー通りのメッセージ、象徴的な意味を持つメッセージ、そして、集合無意識からのメッセージが含まれていることがあります。ですから、私の『追いかけられる夢』は、私個人が、精神世界に仕事として関わることを示唆しただけではなく、これからの私たち人類が科学から精神世界の分野へ意識を広げていく必要に迫られていることを示唆しているとも考えられます。

事実、私が日本を出る前と帰国後では、人びとのスピリチュアルなものへの興味の広がりが大きく変わっていたのです。そして、「女性性の夢」では、私個人の女性としての苦悩だけではなく、過去、少なくとも数千年間の女性の苦悩とシンクロし、私が癒されるだけでなく、多くの女性が癒される必要があることを示す女性の集合無意識からのメッセージかもしれません。

直感はあなたが覚醒しているときに、そして、夢はあなたが眠っている間にあなたに伝えられる魂からのメッセージです。あなたが覚醒している間に魂と触れ合うためには、瞑想が役立つことを述べました。

あれこれ湧き上がる思考を止め、感情に流されずにちょっと立ち止まったときに、魂の動きを感じやすくなります。なぜなら、魂は〝今、ここにある〟存在そのもので、それは主にハートで感じられるものだからです。考え込むと生命エネルギーが頭の部分に停滞し、全体の感覚を失います。心地よく感じているとき、エネルギーは身体全体を流れ、ハートが開きやすくなります。

また、魂と触れ合うためには感動することが大切です。心が震えるような感動や感激する瞬間、開いたハートを通してあなたの魂が震えます。

理由は分からないけれど、心が強く揺さぶられて涙が流れてしようがない、全身に歓びが満ちあふれるといったとき、あなたは魂と触れ合っているのです。魂を感じるには、考えるのではなく、ハートをオープンにしてただ感じること、体験そのものが大切なのです。

自分自身の内なる声に耳を澄まし、魂とつながっていく体験の中で、宇宙意識とつながっていくと、あなたの本質が時間・空間を超越した宇宙そのものであることを知るでしょう。そして、ありのままの魂そのものであることが、本当の意味で生きている、いのちに生かされているということに気づくでしょう。

第2章 実践8・スピリチュアルな対人関係を築くために

すべての対人関係は本来スピリチュアル

スピリチュアルな観点からしても、私たちが健康であるためには、他者との関わり方がとても大切になります。私たちは自分一人で存在しているのではなく、自然、社会、人びとといった自分を取り巻くたくさんの関係性の中で生かされています。それらの関係性の中で私たちに最も身近で、大きな影響を与えるのは対人関係です。

友人に助けられて危険な状態から脱出できることもあれば、人間関係に悩み、健康を損なうことも珍しいことではありません。心療内科でたくさんの患者さんと接する中で気づいたことの一つは、多くの場合、対人関係のストレスが病の重要な要因の一つになっていることです。

対人関係の基盤は、どういったコミュニケーションをとるかです。しかしながら、多くの人びとは自分のとっているコミュニケーションの特徴やパターンに気づいていないことがほとんどです。

対人関係でのストレスの多くは、コミュニケーションの未熟性や偏ったパターンへの気づきに乏しいこと、また背景にあるスピリチュアルなつながりや意味に気づいていないことからきています。

あなたが誰かとコミュニケーションしているときには、実は三つの関係性が生じています。一つ目はあなたとあなた自身の関係性、二つ目は相手と相手自身の関係性、三つ目が二人の間でつくられる関係性です。

ですから、あなたの周囲の人との間に満足したコミュニケーションをとるためには、それぞれの人が自分自身とのコミュニケーションが十分とれていることと、二者間での成熟したコミュニケーションがとれることの両方が必要になります。

では、スピリチュアルな対人関係とはどういったことを意味するのでしょう？　スピリチュアルな対人関係というと、ソウルメイトやツインソウルと呼ばれる、魂の半身と再び結ばれるような素晴らしい関係を想像される方もいらっしゃるでしょう。

しかし、そのような特別な関係だけではなく、すべての対人関係は本来スピリチュアルなものなのです。私たちが生まれてから肉体がこの世を去るまでの間、実際に出会う人の数は限られています。

生まれてから亡くなるまでに、65億人の世界人口の何パーセントの人と出会うことができるでしょう。その中で、そのタイミングで直接コミュニケーションを持つ人はさらに限られます。宝くじに当たるよりも難しいかもしれません。

私たちは偶然生きているのではなく、大いなる力によって生かされているように、出会いも偶然ではなく、出会うべくして出会っているのです。大いなるものからの視点に立って、お互いの関係の中での学びに気づき、どんな関係であったとしてもその奥深くに流れる愛や感謝を見出せるとき、すべての対人関係が、単なる対人関係からスピリチュアルな関係に変わっていきます。

スピリチュアルな理由がある親子関係

とりわけ、親子関係には、スピリチュアルな理由があるようです。私の例をあげます。私にとって、母はスピリチュアルな関係のある人です。父の亡くなった後でも20年以上気丈に一人暮らしを続けている母は、もちろん人間的な弱さを持っていますが、生きる強さと賢さを備えたかけがえのない人です。

ただ、昭和ひと桁生まれの母は、私とはずいぶんと異なる人生経験や時代に基づいた価値観を持っています。これまで、人生に対する考え方や価値観の違いから互いに反発し合うこともありました。母が良かれと思って私にいう一言が激しい批判に聞こえ、共感してもらえず、傷つくこともありました。きっと母も自分の言うことを理解しない娘を情けなく思ったこともあったでしょう。

母にも一人の女性、人間としての苦労や立場があり、そのため価値観の違いが生じていることを頭では理解できても、心の奥では納得できず、もやもやした気持ちが残っていました。けれども、そのもやもやが母からの評価を得たい、自分を認めてほしい気持ちであることに気づいたとき、問題は母ではなく、ありのままの自分でいいと言い切れない自分だと分かったのです。

スピリチュアルなことを追求してきた私は、そのことを表現して周囲から批判されることを恐れていました。その恐れを乗り越えようとしていたにもかかわらず、まだ周囲からの評価を気にする自分がいる、つまり無条件の深い自己受容ができていなかったのです。深い自己受容ができたかどうかを試す最も高いハードルが、私にとっては母でした。

自分をそのままでいいと認め、自分にとっての真実を表現することを選んだとき、思ったほど傷つくことはありませんでした。それは、母からの言葉が、批判を恐れる気持ちに対して、すでに免疫力をつけてくれていたからでした。母の魂は、私を鍛えるためにわざと嫌な役割を果たしてくれたのです。

そのことに気づいてからは、母への反発心はなくなり、ありがたいと思うようになりました。それまでは、なぜ自分の魂はこの母を選んだのか分からなかったのですが、自分を鍛え、成長させてくれる人であったからこそ、母として選んだことが分かったのです。

スピリチュアルな視点からの対人関係には、①互いに自分らしくいることのできる関係性、②互いの成長につながる関係性、③深い愛と歓びに基づいた関係性、④スピリチュアルな絆やつながりの深い関係性が見られます。

あなたの対人関係の取り方が成熟し、スピリチュアルなものに変化していくにつれ、あなたを取り巻く人間関係もまた変化していくでしょう。よりあなたを理解、受容、肯定してくれる友人たちで囲まれるようになり、絶妙のタイミングであなたに必要な人と知り合うようになっていきます。

時間がたつにつれ、なぜその出会いがあったのか、出会いの理由と意味が理解できるようになると、必要な出会いは奇跡的ともいえる形で必ず与えられることが確信できるようになります。素敵な出会いが次の素敵な出会いを呼び、すべての人間関係の中に愛を見出すことができるようになれたらどんなに素晴らしいことでしょう。

ソウルメイトとの出会いはあなたの努力と準備次第

「自分と赤い絆で結ばれた唯一の人と出会いたい」「生涯の親友や無二の仕事上のパートナーに出会いたい」「一生の師匠と呼べる先生に出会いたい」と思われる方も多いでしょう。

スピリチュアルなことに深い関心のある人ならば、互いの魂の成長のために数多くの過去生で共に生きてきたソウルメイトや、魂の半身であるツインソウルとの出会いを求めているかもしれません。

「生徒に準備ができたとき、先生は現われる」という諺《ことわざ》があるように、出会いのチャンスはあなたの準備次第です。たとえば、エベレスト登頂が目標であったなら、まず足腰を鍛え、近くの山を登り、しだいにより高い山に登るといった手順を踏んで、それなりの努力をする、つまり準備が必要です。それと同じように、今のあなたに与えられた環境の中で、身近なところからよりよい対人関係づくりを始めることが必要です。

多少時間がかかっても、あなたの努力と成長の度合いに見合った形で、あなたにふさわしいパートナーが現われるでしょう。大きな夢を追いかけるあまり、身近にある大切な関係が目に入らないことは、とてももったいないことです。小学校から大学へいきなり進学できないのと同じで、身近にある学びを終わらないうちは大きな学びには到達しません。あなたが今のここに生きていく中で成熟、成長すればするほどよりよい出会いに近づいていくのです。

それでは、スピリチュアルな対人関係、コミュニケーションを図っていく上でのポイントについてまとめてみます。

【スピリチュアルなコミュニケーションのポイント① 相手を尊重すること】

ひとはいつでも、100%できる限りの力で生きています。これは100%完璧であることを意味しているわけではありません。その時点では未熟な点もあるけれども、そのとき自分にできる最大限、十分のことをしているという意味です。

その人の思い、言葉、行為、生き方は、それまでのいきさつの中で、最大限の努力の中から出てきたものです。ですから、どんなときでも、一生懸命生きてきた相手を尊重すること、相手を理解しようと思いを寄せることが最も大切です。

たとえ、相手の行為や言葉があなたを傷つけるようなときでさえも尊重する心を失わないように。とはいえ、それは相手の行為のすべてを受容したり、好きになることでもなく、反対に相手を全否定することでもありません。

「私はあなたを尊重します。けれど、あなたの行為、言葉は好きではありません。おそらく何らかのいきさつでそういった行為、言葉になったのでしょう。あなたの行為、言葉は好きではないけれど、あなたの命を、存在を大切に思います」。そのような思いが、他者を受容することにつながるのです。

【スピリチュアルなコミュニケーションのポイント②　自分とのコミュニケーション】

よりよいスピリチュアルなコミュニケーションをとるために、まず自分とのコミュニケーションから始めましょう。自分自身とのコミュニケーションについては、これまでの章で述べた通り、身体・心・魂の声を聴き、そのメッセージを実行することです。

自分とのコミュニケーションがうまくとれているかどうかは、自分一人でいて楽しめるか、幸せ感を味わえるかで分かります。自分とのコミュニケーションがうまくとれているときは、自分が何をしたいのか、自分の身体や心に何が必要なのかを感じとることができ、それを自分に与えたり、表現できるので、一人でいても心地よく、生活や人生を楽しめるのです。自分とのコミュニケーションがうまくいっているサインは、次の通りです。

・一人で家にいても、身の周りを片づけ、きちんと食事をつくり、きれいな食器に盛りつけて食事をとることができる。

・散歩をしたりして自分一人の時間を大切にできる。一人で外出して休日を楽しんだり、旅行をして休暇を楽しむことができる。

・誰かとの約束が急にキャンセルになっても、そのことを引きずらずに一人でも時間を楽しく過ごせる。

これとは反対に、「自分が楽しむためには誰かが必要だ」「楽しむために大抵誰かを待っている」「一人でいる時間は絶対に耐えられない」「自分一人だけなら身の周りのことなどどうでもいい」としたら、自分とのコミュニケーションを振り返り、工夫することが必要でしょう。なぜなら、あなたのニーズが分かり、それを満たすために行動するのはあなた自身しかいないからです。健全な関係性をつくるためには、自立と自己責任が基盤となるのです。

自分との不健全なコミュニケーションは他者依存につながる

もし自立しておらず、自己責任の自覚がないままに成人した場合、安定感を得るために自分に足りない部分を埋めてくれる誰かを強く求めるようになります。そういった二人はすぐに密接な関係になり、しばらくは満足するでしょう。

しかし、時間がたつにつれて、相手が自分の要求を完全に満たしてくれないことに不満を持ちはじめます。そして互いのエネルギーを奪い合い、互いの成長と自立を阻んでいきます。なぜなら、相手がなければ1個の完結した存在と感じることができないため、相手を束縛してしまうのです。

この場合、自分とのコミュニケーションが曖昧なため、自分が本当に何を必要としているのかもはっきりせず、もし気づいたとしても相手を失うことが怖くて、それを相手に伝えることも困難です。自分一人では不完全だ、二人でいないと完全になれないという無意識の思いから身動きが取れなくなり、互いに傷つけ合うことになります。それでも、一人になるよりはましと、関係を変えることもできず、不健康な状況に停滞してしまいます。こういった関係は、共依存関係と呼ばれています。

このような状況から脱却するには、どちらかが、不健康なパターンになっていることに気づいて、自分を見つめ自分自身とのよりよいコミュニケーションをとることが必要になります。一方が今までの対人パターンを変えれば、他方も変えざるを得ません。

一方の変化に合わせて他方が変化すれば、それまでとは違った健康的な関係性を二人の間で築けるでしょうし、互いに成長した結果、互いを必要としなくなっても、相手への友情が保てるかもしれません。

相手が変化を望まないのであれば、勇気を持って相手から去ることです。不健康な関係を解消することは、健康でありたいという自分の気持ちへの誠実さと、相手への誠意の現われです。共依存の多くは、男女関係と親子関係に見られます。

とくに日本では母子の結びつきが強いために、親子関係の場合には、母子関係で現われることが多いようです。共依存関係から成長していく過程は、親離れに似たようなものかもしれません。

一方、互いに自立し、共通点が懸け橋となった関係では、心の愛し合う絆で結ばれるため、二人が離れていても互いに信頼し、それぞれが充実した時間を過ごし、一緒のときは互いを楽しむことができます。そのような関係は、恋人同士のように距離の非常に近い関係が終わったとしても、互いを尊重し、友情を感じることができるでしょう。

あなたが誰かとコミュニケーションしているときには、三つの関係性、一つ目はあなたとあなた自身の関係性、二つ目は相手と相手自身の関係性、三つ目が二人の間でつくられる関係性が起きていることを述べました。一つ目と二つ目は、いずれも自分とのコミュニケーションを意味しています。

では次に、三つ目の、二者間の関係性について見ていきましょう。

二者間のコミュニケーションはエネルギーの交流

二人の人間が互いに注意を向けたとき、コミュニケーションが始まります。二人の間にはエネルギーの場が生じ、お互いのエネルギーが交流しはじめます。自分一人で安定（グラウンディング）している人同士の場合、一緒にいることで双方ともより楽しく、建設的で、エネルギーの高まりを感じます。

なぜなら、自分の身体・心・魂との良好なコミュニケーションを持ち、自然や宇宙、大いなるものとの一体感を感じている状態では、エネルギーは十分満たされ、安定したものとなっているからです。ですから、エネルギーの交流はスムーズに行われ、二者の間でより共鳴し、高められていくのです。

しかし、私たちが自分とのコミュニケーションをとれず、外界と分離された孤独な自分という感覚に支配されている場合には、湧き起こる不安によってエネルギーは弱まり不足しています。そういった状況では、二者の間にできたエネルギー場を自分がコントロールすることで、相手からエネルギーを奪おうとしはじめます。

自分自身が不安定な者同士では、エネルギーを奪った方が安全さと満たされた感覚が得られるため、無意識のうちに同じコミュニケーションを続けようとしますが、エネルギーを奪われた方は疲労感や不安感を感じ、相手の持っている重い感情のエネルギーを引き受けてしまうこともあります。

「望んでいないのにどうして同じパターンを繰り返してしまうのだろう」「どうしていつもこういう結果になってしまうのだろう」と思うような対人関係を体験されたことはありませんか？　このような場合の対人関係のやり取りは、交流分析でいう「ゲーム」と呼ばれるやり取りになっています。

エリック・バーンの提唱した交流分析では、私たちは、自分の思い込みや信念に基づいた対人交流を行っているると考えられています。対人交流の中で交わされる心理的やり取りは、思い込みというルールに基づいた心理ゲームのようなものです。

そのゲームで同じパターンが繰り返されたり、たとえ楽しくないやり取りでも続けてしまうのは、自分の選んだ思い込みや信念、つまり人生の脚本が正当であることを証明したいためといわれています。

たとえば、「世界は敵意に満ちていて誰も自分を愛してくれない」という思い込みを持っている人がいるとします。その人は、愛されたいという自分の本当の気持ちを素直に表現できず、暴力で相手を服従させエネルギーを得ようとします。

相手はその人の攻撃的なコミュニケーションから敵意を感じて、その人へ近づこうとはしなくなります。その結果、誰も自分を愛してくれないという思い込みは正当なものとなってしまうのです。

同じように、「人間は他者に批判的なので、自分の言うことが正しいと証明された時だけ周囲から評価されるだろう」という思い込みであれば、周囲からの評価や愛情を得るために、いつも批判的な言動をして自分が正しいことを証明しようとするかもしれません。「良い人でないと愛されない」と思い込んでいれば、良い人であるために、自分の怒りやつらさを抑圧していつも微笑み、良い人であるようふるまわないといけないかもしれません。

いずれの場合も、求めているのは愛情であっても、相手がその人に感じるのは、思い込みと同じ感情、暴力であれば敵意を、批判であれば批判を、抑圧であれば手応えのなさや違和感を覚えてしまうのです。

しかし、結局、自分の求める愛情は得られず、やっぱり世界は自分の思った通りの場所だ、自分は思った通りの人間だ、とより思い込みを強くさせ、不思議なことにかえって安心してしまうのです。そして、そういった対人パターンがカギと鍵穴のようにぴったり合う人と、同じ心理ゲームを繰り返していくのです。

交流パターンを健全なものに変化させるために

交流パターンには大きく分けて次の四つのパターンがあります。①私はＯＫ、あなたもＯＫ。②私はＯＫでないが、あなたはＯＫ。③私はＯＫだが、あなたはＯＫでない。④私もあなたもＯＫでない。さて、あなたのパターンはどれに近いでしょうか？

もし①であれは、自他ともに肯定的で、健康的なパターンです。②は相手の顔色を見て自分の言いたいことを言えず、常に周囲に合わせてしまい、疲れ果てるか、分かってもらえないと落ち込む、献身パターンです。③は自分に自信があり他者には支配的で、うまくいかないときには相手のせいと文句を言う自己主張パターンです。④は自他ともに否定的で、あれもダメこれもダメ、どうしたらいいのと葛藤しているパターンです（表2）。

あなたがコミュニケーションで使う言葉に注意を払い、否定的な言葉や反論する意味を持つ言葉をどれくらい多く、またどのようなときに使っているか観察してみてください。それによってあなたが①〜④のどのパターンを多く使っているかが分かります。もし、②〜④のパターンであれば、その背景にある思い込みは何なのか観察するとともに、なるべくパターン①になるように、肯定的な言葉を使うように心がけましょう。

	私	あなた	パターン
1	OK	OK	健康パターン
2	×	OK	献身パターン
3	OK	×	自己主張パターン
4	×	×	葛藤パターン

表2　交流パターンの特徴

誰でも「本当の自分を理解してほしい」「互いに理解し信頼し合った温かい関係を持ちたい」と思っています。そのために重要なことは、あなたの真実を語ることです。ひととよく会話しているからといって、真実を語っているとは限りません。

あなたの真実とは、あなたの夢、希望、気づき、心の奥深くから湧き上がる思いといった、あなたが人生を通して表現したいもの、つまりあなたの魂の声です。それは他の人の真実とはかなり違っているかもしれませんし、それを実践するのには、批判を恐れない勇気と忍耐が必要かもしれません。

けれど、あなたが自分の真実を語れば、あなたと同じように真実に誠実に生きている人を引き付け、あなたが求める対人関係を築けるでしょう。

あなたが自分の真実を語るときには、通常のおしゃべりのように頭や喉だけで話すのでなく、自分のハートの深いところ、またはハートと丹田を感じ、そこから言葉が出てくるかのように話しましょう。ひとは、相手が真実を語っているときには、たとえどんな内容であっても耳を傾け、理解しようとします。なぜなら、それはひとの心の琴線に触れ、魂を震わせるからです。

相手がどのような反応を示そうと、それは相手の選択です。あなたが心配する必要や責任を感じる必要はまったくありません。あなたが自由に表現していいように、相手も自由に感じる権利があるのです。

こう反応するべきと思う気持ちは、相手への尊重を損ないます。相手が共感し、より深いコミュニケーションが持てれば幸いです。もし相手からの共感が得られなくても、あなたが誠実に生きていることは伝わるでしょう。

またあなたの真実は、新しい経験、知識、感情などによって日々更新されてゆきます。昨日までの真実が今日には真実でないこともあるのです。ですから、変化を認め、今のあなたにとっての真実であることを表現しましょう。

第3章 実践9・スピリチュアルな生きがいを得るために

スピリチュアルな生きがいとは？

スピリチュアルヘルスの観点からすると、その人にとっての「生きがい」も大きな要因となります。私たちが幸せであるためには、ある程度物質的に恵まれ、社会的に安定した生活を送ることは重要な基盤です。けれども、どんなに物質的・社会的に満たされたとしても、生きがいのない人生は砂をかむように空虚に感じられるでしょう。

生きがいは私たちが幸せになるカギです。人間性心理学を提唱したアブラハム・マズローが、「人間は生存の基本的欲求が満たされると、自己実現の欲求といったより高次なものを求める」と述べているように、生きがいを得ることは私たちの根源的な願いなのです。

日本のように経済的に発展した豊かな社会では、物質的な基本的欲求は満たされやすく、精神的な生きがいが満たされない、見つからないことが健康を損なう要因になりやすいといえます。

これまでに述べた、身体や心の声を聴くこと、思考のエネルギーを解放しポジティブに思考の力を使うこと、直感や夢から得られる魂の声を信頼すること、スピリチュアルな対人関係を持つことは、生きがいを持って人生を生きるための大きな助け、いわば準備といえます。

そこで、幸せになるための次のステップとして、スピリチュアルな生きがいについて考えてみましょう。

あなたは何か生きがいを持っていますか？　あなたにとって生きがいとは何でしょうか？　どのように生きがいを見つけたらいいでしょうか？

生きがいとは、生きる歓び、意義、人生の目的を意味します。その中でいちばん身近な生きがいは、たとえば、ひいきの野球チームがあるとか、休みのたびに山登りに行くとか、特定の継続した楽しみがあれば、それは生活の中の楽しみとなります。

楽しみがあれば生活の中の困難を乗り越えられるだけでなく、生きがいとなって充実した生活を送れるでしょう。時間を忘れて没頭してしまうこと、そのことを考えただけでワクワクすること、思わず身体が動いて行動してしまっていること、そのことを見たり考えたり行ったりすると目が輝くこと、小さい頃から得意・好きなこと、そのようなことはあなたにとっての楽しみです。

また、楽しみだけではなく、家族やあなたにとって大切な人、ペットなどを支えることが生きがいとなる場合もあります。子どもの成長、病に倒れた家族の看病やケアをすることなど、他者の援助を通して自分の存在意義が感じられることは生きがいとなるでしょう。

あるいは、夢や願望などの具体的な目標も生きがいとなります。たとえば、大学に合格する、就職する、持ち家を買う、仕事で独立するなど、あなたが生きていく中で達成したい具体的な目標です。さらに、自己実現、つまり社会の中での自分の存在意義を確かめることが生きがいとなる場合もあるでしょう。

以上のように、生きがいといってもさまざまなものがあります。では、スピリチュアルな生きがいとはどういうことを意味するのでしょう？　たとえどのようなものであっても、生きがいといえるものが誰かの評価を得るためのものでなく、何かにすがったり誰かに依存するものでもなく、損得にとらわれず、自分の本質を表現し、魂が震えるような歓びや感動が得られるものがスピリチュアルな生きがいです。

つまり、エゴを満たすものではなく、自分自身の魂が輝き、より自由で創造的な生き方ができるように導いてくれる対象です。そのようなスピリチュアルな生きがいを追求し、実践することは、あなたといういのちの花を咲かせ、自分の本質に忠実に、魂の声に従って生きることを意味します。

スピリチュアルな生きがいを見出すために

スピリチュアルな生きがいがあれば、生きる力、自己治癒力も自然と高まっていきます。そして、イキイキと歓びや感動にあふれて生きていると、その活動的で楽しいエネルギーは周囲の人に自然と伝わり、周囲を幸せにし、人びとの生きる力や自己治癒力をも高めるでしょう。

そのような状況では、誰かのために何かをしなければならない、何かをしようと力むことなく、意識していないにもかかわらず自然とひとを助ける行為をしていたり、何よりあなたの存在そのものが、結果的にひとを幸せに、元気にしていくのです。

では、どのようにしたらスピリチュアルな生きがいが見出せるでしょうか？　私たちは、成長するに従って、人生の真の目的、自分の存在意義を見つけたいと思うようになります。それを求めるために人生の多くの時間を費やしているといっても過言ではありません。

どこかにそれが自分を待っているかのように外の世界を探求したり、誰かが教えてくれないかと願ったりすることもあるでしょう。しかし、スピリチュアルな生きがいを見出すカギはあなたの内にあるのです。

それは、初めのうちは、直感として感じられたり、なぜだか強く惹かれるもの、輝いて見えるもの、不思議な人生の流れや縁を感じるものとして、なんとなく気づくかもしれません。けれど、あなたがスピリチュアルな視点を持つようになれば、明確に分かるようになるでしょう。

スピリチュアルな視点とは、「私たちの本質は魂と呼ばれる普遍的な意識である」という認識です。私たちの本質は、死によって消滅するたった数十年の存在でしかない肉体ではなく、転生《てんしょう》を含めたもっと広大な魂の歴史を持った存在であると気づいたとき、目から鱗《うろこ》が落ちるようにあなたの人生に対する視野が格段に広がるでしょう。

そして、あなたがなぜそれに惹かれるのか、なぜそのような縁があったのか、直感として感じられたことの意味や背景、ストーリーが分かるようになります。多くの人生を通して、さまざまな体験と学んできたことに気づいたとき、今回の人生のテーマや目的を感じはじめるのです。そして、魂が進もうとしている方向を受容できたとき、その方向が本当の生きがいとなり、歓びをもたらすでしょう。

魂に形を与えることはできませんが、あえて表現するなら、たくさんのカットを持つダイヤモンドのようなものだと想像してみてください。今この世界に生きるあなたは、たくさんあるカットの一つです。そして多くの過去生や、未来生といったものの一つひとつがダイヤの表面のカットの一つひとつなのです。

ダイヤモンドがそれぞれ異なる輝きを持つように、あなたの本質である魂も、あなたにしかない輝きを持つ、たくさんの美しいカットを持つダイヤモンドのようなものなのです。

しかし、そのダイヤモンドは、表面がすべてピカピカに磨かれて、１００％光を放っているわけではありません。表面の曇りや汚れのために、光を十分に表現されていないのです。

もし、今の人生という面についている汚れが取れ、表面がきれいになれば、より多くの光が内部に差し込むでしょう。

そうすれば、入った光は内部で反射し、他の多くの面があることに気づけるようになります。そして、光の温かいエネルギーによって、他の面の汚れや曇りも溶かされ取れていくのです。あなたというダイヤモンドが本来の輝きを取り戻し、より美しく輝くのです。

ダイヤモンドの輝きのように魂の光を表現すること

今の人生の面についている曇りや汚れを取るために必要なことは、あなたが自分自身を知り、自分自身を愛し、スピリチュアルな生きがいを持って生きることです。曇りや汚れは、今回の人生のテーマや学びの課題であり、ひとによって異なるでしょう。曇りや汚れの種類が違うように、個々の人生のテーマや課題は違っていても、すべての面がきれいになり１００％輝くことがゴールであることに違いありません。

個別の人生のテーマや目的を果たしながら、愛と歓びを持ってその課題に取り組み、自分の本質が光であることに気づくことが、すべての人に共通した普遍的な人生の目的であり、スピリチュアルな生きがいです。

ですから、あなたというダイヤモンドが本来の輝きを取り戻していくプロセスの中で大切なことは、ひとからの評価でも、何を達成したかでもなく、自分の魂の光を表現すること。そのためにどれだけ自分や周りを愛したか、どれだけ学び、気づいたかなのです。

魂がダイヤのように多面的であることに気づくと、時間や

空間に対してももっと広がった視点から見ることができるようになります。直線的に進むことしか知らない尺取り虫のように、過去や未来は現在を中心として変えようのない絶対的なものに見えるかもしれません。

しかし、鳥のように飛べれば、いままで進んできた歩みも、この先も空からすべて見渡せるのです。あなたがダイヤのあるカットだけを意識している場合は、尺取り虫の視点で時間を見ていることになり、ダイヤモンドの全体を意識して見るならば、鳥の視点で時間を見ることになります。

鳥の視点で時間を見れば、過去も未来もつながり合いながら、すべて今、ここに同時に存在しているようなものです。心を開き、スピリチュアルな視点で見たとき、あなたの魂は時空を超えた存在であることを感じるでしょう。

過去も未来も、直線的な時間を超えてこの一瞬一瞬に同時存在しているのです。過去は変えられない、過去に受けた傷は戻らないとあきらめているかもしれません。けれど、ネイティブアメリカンの人びとの間でも、今が癒されれば過去も未来も癒されるといわれています。今も過去も未来も同時に存在しているなら、今が癒されれば、一瞬のうちに過去も未来も変わるのです。その意味で、私たちは本来、時空をも超えた存在といえるのです。

それでは、スピリチュアルな生きがいを見つけるためのポイントについて述べてみます。

スピリチュアルな生きがいは形ではなく何を表現したいか

あなたの夢は何でしょうか？　どんなことをしたいと思いますか？

多くの場合、何かそれを象徴するような職業や物事を思い浮かべるでしょう。けれども、スピリチュアルな生きがいは、「○○になる」「○○をする」というのではなく、それを通して何を表現したいのか、何を伝えたいのか、にあるのです。

ここではMさんの例をあげて説明します。高校の教職についていたMさんは、人間関係の行き違いと職場の配置転換のストレスをきっかけに、気管支喘息、高血圧、過敏性腸症候群になってしまいました。

子どもの頃から憧れていた教師という仕事につき、多くの生徒さんたちから慕われていたMさんでしたが、体調不良のため退職を余儀なくされました。退職への罪悪感から自分の価値観を喪失され、退職したら良くなるだろうと思われた体調は一向に良くならなかったのです。

生徒さんに大変慕われていたMさんのもとには、退職しても多くの生徒さんがMさんに連絡を取り、訪れていました。しばらくすると、Mさんは歴史を教えていた経験を活かして、時々名所旧跡に生徒さんたちを案内し、歴史の話をするようになりました。

その話を口コミで聞いた生徒の親御さんたちが、Mさんに対して、子どもたちに定期的に引率してほしいとお願いするようになりました。Mさんは、高校生だけでなく、中学生や小学生、障害をもった生徒さんなど、さまざまなお子さんたちと一日を過ごし、歴史を教えるだけでなく、悩みを聞いたり、一緒に遊んだりされるようになりました。

そのうちに、Mさんは、自分が教師という立場や職業にこだわっていたことが自分を苦しめていたことに気づかれました。Mさんの本当の願いは、「子どもたちに歴史の楽しさを伝えたい、歴史を学ぶことを通して生きる力を身につけてほしい」ということであって、教師というのは形にすぎないことに気づかれたのです。自分の人生の目的、生きがいを見つけられたMさんは、体調も回復し、イキイキと今日も生徒さんたちを引率しておられます。

私たちは、何をしたいのかを、既存の社会の中にある職業や枠組みで考えようとします。しかし、大切なのは形や枠組みではなく、何を表現したいのか、何をしたいのか、なのです。

さらに、もう一歩進んだ究極の生きがいは、あなたがその表現したいもの、伝えたいものそのものになることです。Mさんの場合は、歴史から生み出される楽しさと生きる力そのものです。もしあなたが、マッサージセラピストで、触れることで愛を伝えることによってひとを癒したいならば、あなたが触れる愛そのものになることが究極の生きがいとなるでしょう。

そのためには、常にあなたが愛という資質に同調する必要があります。ハートに愛を感じ、その感覚が全身に広がっているとイメージし続けること、日常の行動一つひとつ、呼吸の一つひとつにも、愛のエネルギーに包まれているように意識しましょう。

頭で考えるのでなく、感覚を使って。いつもできないからといって悲観する必要はありません。一日の終わりに、自分を振り返り、できたことをほめてあげましょう。たとえほんの少しの変化でも、今までできなかったことができたのですから、素晴らしいことなのです。

毎日自分を祝福するうちに、あなた自身が愛に満ちあふれていくでしょう。そしていつしかそのことを意識しないでもそうしているようになったとき、あなたは愛そのものになっていくのです。スピリチュアルな視点で見れば、私たちにとっての究極の生きがいとは、私たちの本質である愛そのものになることなのかもしれません。

スピリチュアルな意識を広げるために

誰もが生きがいを求めている半面、その輝きを阻むものが私たちの中にあります。それは、不安と後悔で、これが私たちのエネルギーの流れを止め、成長を滞らせている原因です。不安と後悔は現在には本来ないものです。なぜなら、不安は将来のことをあれこれ考えたときに、後悔は過去の出来事を振り返ったときにしか起こらないからです。

不安と後悔にとらわれて身動きができないときには、今に意識がありませんから、スピリチュアルな視点を持つことは困難になります。ですから、ここでは、過去と未来へのとらわれを軽減し、スピリチュアルな視点を持ちやすくするための瞑想を紹介しましょう。

エクササイズ 過去と未来のヒーリング瞑想

(1) 椅子に座り、目を閉じます。ゆっくりした大きな呼吸を三つしましょう。吐いて、吸って、吐いて、吸って、吐いて、吸って、吐いて……。呼吸するたびごとに全身の緊張がほぐれていくのを感じてみましょう。吐く息とともに、余分な力が取れていきます。

(2) 頭のてっぺんから春の雨のような、静かなエネルギーが下りてきて、足の先に流れていくのをイメージしてみましょう。だんだ

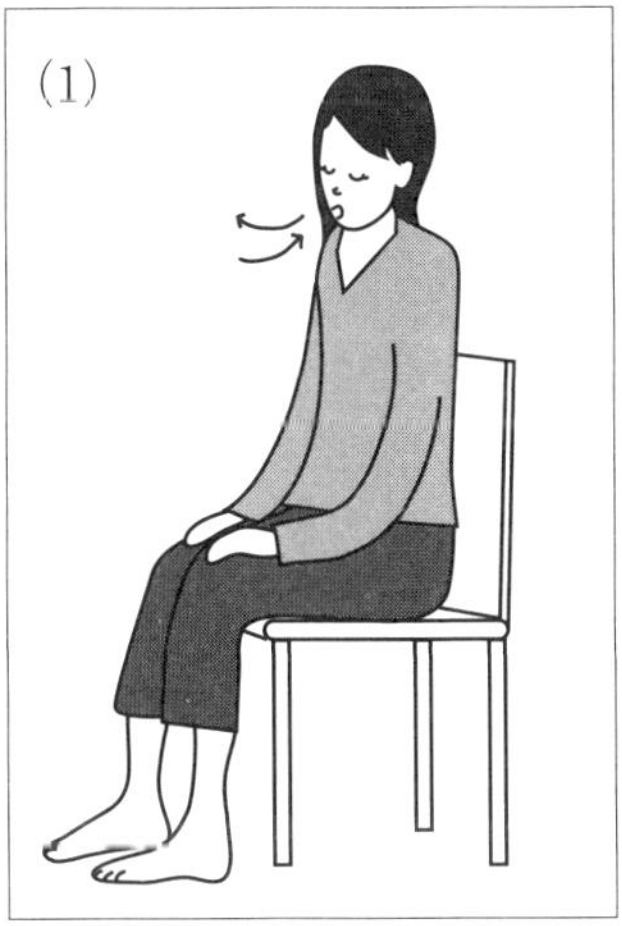

んと身体や心の緊張がすべて洗い流され、澄み渡っていきます。そして気持ちがゆったりと落ち着いてきます。心や頭に何か浮かんでくるものがあっても、それは大空にある雲のように静かに消えてゆきます。そして、何もない空間にスーッと入ってゆきます。

(3) あなたの今までにあったすべての出来事や思い出を思い出してみましょう。それらにまつわる場所、感情、思い、匂い、色、音楽や歌もあるかもしれません。すべてのものが走馬灯のように浮かんでくるままに任せましょう。一つの思い出が現われると、また別の思い出が湧いてきます。思い出すたびごとに、その一つひとつの思い出が小石となっていくのをイメージしましょう。

今、あなたの目の前にはたくさんの小石が浮かんでいます。そっと左手を前に出して、それらの石をすべて、あなたの左手の上にのせましょう。今、あなたの過去がすべて、あなたの左手の中にあります。その過去に対して、愛していると言いながら息を3回そーっと吹きかけると、すべての過去が完全に癒され

て、小石がカラフルに輝くクリスタルへと変わっていきます。では、息を吹きかけてみましょう。愛している、愛している、愛している……。あなたの過去はすべて癒されました。

(4) では、次にあなたの未来をイメージしましょう。具体的なイメージが湧くかもしれませんし、漠然とただなんとなくの感覚が湧くだけかもしれません。ただ感じるに任せてみましょう。そして、その感覚が一つのボールのようになって、あなたの目の前に浮かんでいるのをイメージしてみてください。それから、そっと右手を前に出して、そのボールをあなたの右手の上にのせましょう。

今、あなたの未来がすべてあなたの右手の中にあります。その未来に対して、愛していると言いながら息を3回そーっと吹きかけると、すべての未来が完全に祝福されていきます。では、吹きかけてみましょう。愛している、愛している、愛している……。あなたの未来は完全に祝福されました。

(5) では、あなたの両手の小指側と小指側をそっと合わせてみてください。ちょうど両手で何かをすくって

(4)

息を吹きかけ
未来を祝福
しましょう
癒された
過去

(5)

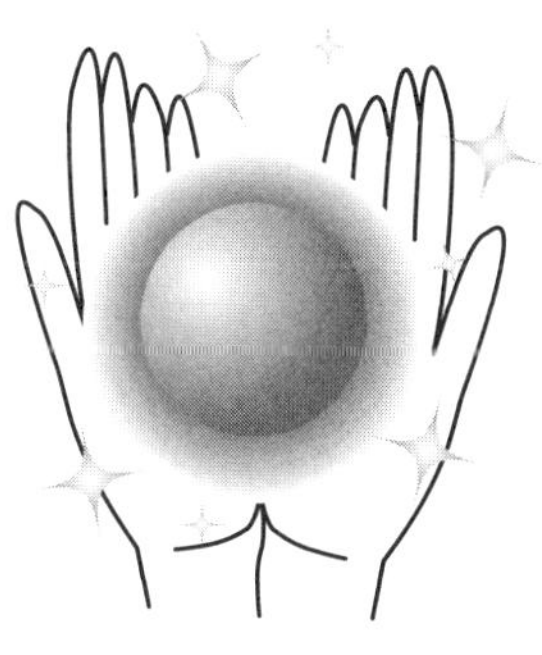

いる形になります。今、癒された過去と祝福された未来が両手の中にあります。しばらくすると過去と未来が引っつき、混じり合っていきます。もっともっと混じり合い、今や一つになっています。

今、あなたの両手の中には、過去も未来もなくただ時間があるだけです。そして、その時間とあなたは共にいます。今のあなたは時間と共にいます。両手の中の時間にそーっと息を吹きかけてみましょう。吹きかけるたびごとに、時間は輝きはじめ、どんどん、どんどん、どんどん輝きを増し、光そのものになっていきます。今や、あなたの両手自体が輝いています。

(6) その両手で、自分を抱え、抱きしめてあげてください。そして、両腕をさすってあげてください。優しく、愛おしくさすってあげてください。今、あなたの身体を抱きしめているのは、時空を超えたあなた、ハイアーセルフです。ハイアーセルフからの愛情を十分に受けとりましょう。

(7) では、あなたの身体に意識を向けてください。そして、部屋の音にも耳を傾けましょう。意識を手や足に向け、ゆっくりと指を動かし、伸びをして、目を開けましょう。

(6)

(7)

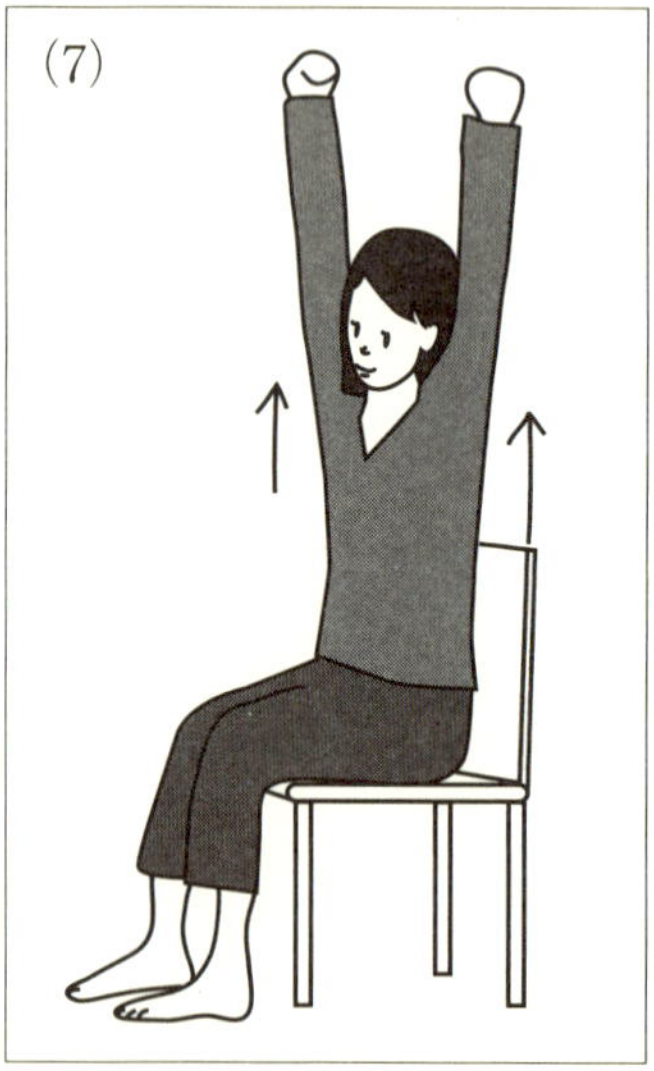

Part 8

スピリチュアル・ライフを楽しむために

第7章　場のエネルギーのケア

身体・心・魂に栄養を与えましょう！

もうあなたは、身体・心・魂の声を聴き、スピリチュアルな対人関係を築きはじめていることでしょう。そして、かけがえのないこの人生でのスピリチュアルな生きがいを探しはじめたり、すでに生きがいを持って充実した生活を送っているかもしれません。

スピリチュアルな健康を得るためにどうしたらいいかを、さまざまな側面から見てきましたが、それらをうまくブレンド、統合すれば、香り高いコーヒーを楽しむように、スピリチュアルなライフスタイルを楽しむことができます。この章では、これまでのまとめとして、スピリチュアル・ライフを楽しむためのポイントをお話ししましょう。

スピリチュアルなライフスタイルは、あなたが輝いて幸せに生き、あなたの魂の美しさや素晴らしさが自然と表現できるようになるためのトータルな暮らしのスタイルです。そのための基本は、あなた自身にさまざまな栄養を与えてあげることです。

身体の栄養では、安全・安心な食べ物、楽しい食事をすること、良質の十分な睡眠を得ること、定期的に運動をすること、日中によい休息を取ること、日光浴をすること、良質の水を飲むこと、などが大切です。

心の栄養には、スピリチュアルな対人関係、触れ合い、愛情の交流、楽しみ、遊び、心の安全基地を持つことが重要です。肯定的に物事をとらえることや教養を身につけることは思考の栄養になるでしょう。そして、芸術、音楽、自然、瞑想、感動・感激すること、スピリチュアルな教えを学ぶことは魂の栄養になります。

身体・心・魂のすべてに働きかけるのが、ゆったりとした深い呼吸です。呼吸を整えることを意識して生活することは、統合的な栄養につながります。また、身体・心・魂の栄養によって私たち自身のエネルギーは活性化されますが、同時に必要なくなったものを手放し、浄化することも大切です。排尿や排便を良好に行うことは、肉体の不要な物を処理するだけでなく、感情の解放にもつながります。感情を表現したり、声を出したり、身体を動かすなどして感情の浄化を行いましょう。

私たちのエネルギーフィールド（オーラ）は、自分自身だけでなく、周囲の環境やその場の影響、他の人びとのエネルギーフィールドの影響を受けます。私たちは常に周囲とエネルギー交換をしているため、無意識に受けている不必要なエネルギーは浄化する必要があります。このエネルギーの浄化も、スピリチュアル・ライフの大切な要因です。

たとえば、自宅、あなたの部屋、職場など、あなたのいる空間に盛り塩を置くのも場のエネルギーの浄化に役立ちます。神社で盛り塩が置かれたり、相撲の際に土俵で塩がまかれるのは、塩によって場を清めるためですから、私たちのエネルギーフィールドに直接塩を振ったり、身体に塩を塗ったり、お風呂に一つかみの塩を入れて入浴すると効果的です。また、塩水でうがいや鼻の穴を洗うとさらにすっきりとします。盛り塩の場合は定期的に交換し、古くなったものは捨ててください。

身体がなんとなく重いときには、しばしば自分のエネルギーフィールドが影響を受けていることがあります。外出先から帰ったらまずシャワーを浴び、着替えて、着ていた衣服はすべて洗濯した方がいいでしょう。何回か入浴することも効果的です。

場のエネルギーの浄化には、塩以外に炭も役立ちますし、ドライセージで、あなたのエネルギーフィールドやあなたのいる空間をスマッジングする（煙で燻《いぶ》す）のも大変効果的です。また、色、音や香りもエネルギーフィールドに影響を与えます。心地よい音、自然の音や香りを使って場のエネルギーを整えましょう。

不要になった物が持つエネルギーも、あなたにとって不要です。部屋の整理をして処分しましょう。そして、あなたが心を静め自分の声を聴くための空間、サンクチュアリーをつくるとよいでしょう。キャンドルや花、クリスタル、あなたの尊敬するスピリチュアルリーダーなどの写真を置いて、毎日そこで軽く瞑想したり、祈りを捧げると、場のエネルギーが高まり、あなただけのパワースポットになるでしょう。

クリスタル（水晶）を用いて物や場のエネルギーを浄化したり、活性化することもできます。クリスタルは塩水で浄化してから用い、使用したら定期的にまた浄化することが必要です。

場のエネルギーを浄化する方法

訪れると心も身体もすっきりする場所、逆に疲れを覚える場所など、場所の持つエネルギーが私たちに大きな影響を与えることは皆さんも何となく感じていると思います。場には、地形や地球のエネルギーによる場そのものが本来持つエネルギーと、そこに集まる人びとのエネルギーがあります。

ですから、塩や炭を使った場のエネルギーの浄化以外にも、人びとの思いを使って場を浄化することもできます。多くの人びとが集まり、浄化の儀式をし、心からの祈りや無私の祈り、ポジティブな思い、愛情深い思いを捧げると場のエネルギーは活性化します。

たとえば、フィンドホーンでは、人びとが集まって作業をする前に、アチューメントといって、自分の心身の状態を確認し、皆が手をつないでこれから共同して行うことが愛にあふれたものになるように祈りを捧げます。そのため、どこに行っても温かい雰囲気にあふれています。

それとは反対に、自分が疲れる、エネルギーが低下するところには近づかないことも自分を守る手立てになります。どうしても行かなければならないときには、卵の殻のように、自分のエネルギーフィールドが金のエネルギーで包まれているとイメージしましょう。

また、日常と異なる景色、場所、人、物からの刺激は、新しい自分の発見やより深く自分を知り、スピリチュアルな視点を広げてくれます。旅は、日常を離れてリラックスできるだけでなく、いわばお手軽な異文化、異次元体験のようなものです。とくに、遠く離れたところ、初めての場所から受ける影響は大きく、1年に1回くらいは今まで知らなかった場所へ旅行するとよいでしょう。また、自然の豊かなところでは、生命エネルギーが活性化されるのを感じます。

現在、私が住んでいる町には素晴らしいところ、好きな場所はたくさんあるのですが、県外に出かけたり旅行に行くなど、ときには他の地域や文化の匂いのする場所に出かけないと、私のエネルギーが停滞してくるのを感じます。そのようなときは、自然の豊かなところや日常と異なる場所に出かけることで、自分のエネルギーが高まりスムーズに流れるように感じます。

そのように、旅行も自分のエネルギーを活性化するための有効な方法で、とくに、なぜか心を惹かれてしまう場所は、ぜひとも訪れる必要があります。そういう場所には、あなたの将来に必要な出会いが待っているのかもしれませんし、その場所のエネルギーがあなたの心、魂の何かを開いてくれる可能性もあります。

また、あなたの過去生と関係があり、訪れるだけで未完になっていたことを終了したり、あなたの本質に気づかせてくれるかもしれません。その場所は、あなたにとってのヒーリングスポットなのです。

私は、以前からオーストラリアのエアーズロックに行きたいと思っていました。そのため、西暦2000年の誕生日にエアーズロックに旅したのです。そこで体験したことはすでに述べた通りですが、その体験が私の内なる扉を開いてくれたのです。

意識の拡大を促してくれるヒーリングスポット

とくに、場のエネルギーの高いところはヒーリングスポットと呼ばれ、古来から人びとの巡礼や儀式を行う聖地として崇められてきました。それらの場所は、レイラインや龍脈と呼ばれる地球の強いエネルギーの流れの上にあったり、富士山やシャスタ山のように地形的にエネルギーが高い場所、ピラミッドやストーンヘンジのように場のエネルギーが増幅するように建築された建物、フィンドホーンや教会のように長年の祈りのようにひとの思いによって高められた場所などがあります。

ヒーリングスポットに行くと、その高い場のエネルギーを受け、浄化されたり、元気を与えてもらえます。多くのヒーリングスポットでは、地球のエネルギーと宇宙のエネルギーが強くつながっているために、その場に行くだけで心や魂の扉が開かれ、意識が拡大していきます。そのため、ヒーリングスポットを訪れると、病が癒えた、仕事のオファーが来た、結婚に導かれたなどの目に見える変化や奇跡的なことを体験したり、無意識レベルでの変容によって人生が変わったという体験談が多く聞かれるのです。

「ヒーリングスポットに行って、いいことが得られるにはどうしたらいいのですか?」と聞かれることがありますが、「それはあなたの気持ち次第です」と答えるようにしています。確かに、ヒーリングスポットは高次のエネルギーに満ちていて、私たちの願いを聞き届けてくれます。しかし、私たちにとって本当に必要なこと、本当によいことは人間の判断では分かりかねるからです。

ですから、「○○を願って努力しておりますので、何卒お力添えをいただけますようにお願いいたします」という祈りを捧げるとよいかもしれません。また、子どものような素直な心で、心を開いてできるだけ真っ白な気持ちで、ただその場を楽しむ、そこで感じることを味わうのもいいでしょう。いずれにしても、宇宙や大いなるものはあなたに最も必要なことを与えてくれます。それを素直に受けとる気持ちが大事で、ものごとは魂にとって最善・最高の流れに沿って起きていることを意識しましょう。

ヒーリングスポットは、それまで数多くの人びとの信仰や熱い思いによって守られ、大切に扱ってこられました。なかには、以前は外部の人は訪れることのできなかった場所もあります。今まで保存し、体験する許可を与えてくださった人びとの思いを大切にして、感謝の心をもって訪れるようにしましょう。そして、地球や宇宙に対して感謝と畏敬の念をもって、大事な宝ものとして私たちの子孫に伝えることができるように大切に扱いましょう。

あなた自身を愛することがスピリチュアル・ライフにつながる

あなたをwell-beingな状態にすることは、あなた自身を大切にすることです。ですからスピリチュアルなライフスタイルを楽しむということは、あなた自身を愛することに他なりません。

私たちは、「他者を愛するように」と教えられてきましたが、「自分を愛するように」とはあまり教えられてきませんでした。まず他人を愛することが大切で、自分を愛するなんてわがままや傲慢な感じがすると思われるかもしれません。なかには、自分にはそんな価値はない、自分のことは嫌いだから愛するなんてできないと思っている人が少なからずおられるのはとても悲しいことです。

しかし、太陽はすべての生きとし生けるものにその光を惜しみなく注いでいます。いのちを生かすために、できる限りの愛情を常に与えているのです。けれど、人間はどうそれに答えているでしょうか？　植物は両腕を精一杯広げてその愛を全身で受けとめています。その愛が欲しいのにもかかわらず、「私には価値がないから」と顔をそむけたり、少ししか腕を広げないのは人間だけです。

「私には愛される価値がないので、葉っぱを広げず、枝も伸ばしません」と頑なに閉じている植物がいないように、すべての人は、太陽からの愛というエネルギーを無条件に受けとることができ、宇宙から無条件に愛されているのです。無条件の愛を受けとることに対する恐れが、私たちから無条件の愛を引き離してしまうのではないでしょうか。

あなたはそのままで愛される価値があります。だから自分を好きになってください。自分のいいところだけでなく、嫌いなところや未熟なところを含めて、まるごとの自分を好きになってください。

それが自分を愛し、ひいては他者を愛する第一歩です。自分が好きでないなら、たとえ全世界の人びとがあなたを愛しているといっても信じられないでしょう。でも、自分のことが大好きなら、たとえ世界中の人びとから愛してるといわれなくても、幸せを感じることができるでしょう。いくら頭でそれを拒んでも、あなたの魂はそれを知っているはずです。ヘビースモーカーの医師が禁煙を勧めても説得力がないように、自分を大切にできない、愛することができずに、周りを大切にし、愛することができるでしょうか？　あなたが自分を愛せるだけひとを愛せる、自分を深く知った分だけ他者を理解できるのです。

あなたがあなた自身を愛し、その愛がハートからあふれて他者を理解し、受容し、その愛がさらに周囲へと広がることが、豊かなスピリチュアル・ライフへとつながるのです。

第2章　スピリチュアル・ライフの本質

自分の本質に気づくプロセス

自分を愛することの大切さを物語る事例をあげましょう。

胃腸の不調を訴えて受診された40代のNさんは、受診されるたびに、「職場の人たちがわがままで自分のことを分かってくれない」「部長も何を考えているのか分からない」と不満を述べ、それが体調不良の原因だといわんばかりでした。

ある日、「自分のことが好きですか?」とうかがうと、「自分のことは嫌いです。いつも自分の足りないことやできないことに目を向けては、落ち込んだり嫌な気分になっています」と答えられました。

「自分のことが好きでないなら、他の人から好かれても受け入れられますか?」と尋ねると、びっくりした表情をされました。そして、自分を好きになることの意味について二人で話しました。それが転機になり、Nさんは自分をまるごと受け入れることを始められました。

「自分のダメなところも愛おしいと思うようになると、ひとのことも受け入れられるようになりました。今ではひとから話しやすいといわれます」。次の受診では、「ひととは話をすることで分かり合えるんですね。今まで自分のことしか考えていなかったことに気づいた。自分を好きになることで40歳過ぎてですが、人生が変わりました。今ではひとから相談を受けたり、部長とも分かり合えて楽しいです。自分を、ひとをもっと愛せるようになりたい」と。

Nさんは、無条件に自分を受け入れ、好きになることに気づかれて半年ほどの間に、別人のように変化していきました。これはNさん自身の力の賜物ですが、だからといってNさんが特別な人というわけではありません。誰でもその力は備わっているのです。

ですから、どうか宇宙が無条件にあなたを愛しているように、あなた自身を愛してください。あなたの愛する子どもやペットがいけないことをしたとしても、彼らを嫌いになったりしないように、どんなことがあってもあなた自身を愛してください。

自分を嫌わず、自分を見捨てず、自分を愛し続ければ、いつしかあなたの本質が愛と歓びと光そのものであることに気づくでしょう。そのとき、他者を愛し、すべての人の本質が愛と歓びと光そのものであることにも気づいていきます。その気づきのプロセスこそがスピリチュアル・ライフそのものなのです。

エクササイズ　無条件の愛を感じるための二つのエクササイズ

それでは、無条件の愛を感じるためのエクササイズを二つご紹介します。

【ハートの愛を感じる瞑想】

(1)　今、あなたは砂浜に立っています。目の前には海が広がり、波が寄せては返しています。さわやかな海風があなたの頬をなでていきます。海の空気を胸いっぱいに吸いこみ、吐いていくうちに、だんだん気持ちが落ち着いてくるのを感じてみましょう。

(2) では、あなたの両手を胸にそーっと置いてみてください。あなたの手の温もりを感じてみましょう。その温もりは、皮膚を伝わり、身体の中へ染みわたっていきます。その温かさを味わってみてください。あなたの心臓の鼓動を感じてみましょう。どっくん、どっくん、どっくん、リズミカルな脈動を掌で感じてみましょう。そして、その音に耳を澄ましてみましょう。心臓さんはあなたが生まれてからずーっと、ひとときも休むことなく、こうして脈を打ち続けてきました。あなたのために、夜も昼もいつでも、ずーっと鼓動を打ってきたのです。

あなたの心臓さんに話しかけてみてください。挨拶をしてもいいかもしれません。そしてお礼を述べてみましょう。あなたの心臓さんはあなたになんと答えているでしょう？　心臓さんからあなたへのメッセージを聞いてみましょう。

(3) あなたは、今までに、もう一つの心臓の鼓動を記憶しています。まだずーっと小さかった頃、お母さんのお腹にいたときのことです。あなたはお母さんのお腹の中で、羊水につかりながらお母さんの鼓動を聞いていましたね。どっくん、どっくん、どっくん。あなたはそれを聞きながら、安心して眠っていたり、身体を動かしたりしていました。心臓さんの鼓動を感じながら、お母さんの愛に包まれていたことを思い出してみましょう。

(4) しばらくすると、今あなたの目の前にある、海の潮騒の音が聞こえてきます。ざぶーん、ざぶーん、ざぶーん、寄せては返す波の音に耳を澄ましてみましょう。それは地球の鼓動です。あなたといういのちを支えてくれている地球からの子守唄です。あなたは、あなたの心臓さんからの愛、お母さんからの愛、そして地球からの愛でいつも包まれているのです。あなたの心臓の鼓動を感じるたびにそのことを思い出すでしょう。

(5) では、意識をこの部屋に戻しましょう。この部屋の音に耳を傾けましょう。そして、ゆっくりと手や足の指を動かして、準備ができたらゆっくりと目を開けましょう。

【地球と太陽の愛を受け入れるエクササイズ】

(1) 立った姿勢をとります。息を吸ってかかとを上げ、背伸びをして、息を吐きながらゆっくりとかかとを下ろしましょう。もう一度息を吸いながら背伸びをします。そして、息を吐きながらかかとをゆっくりと下ろします。もう1回背伸びをして、かかとをゆっくりと下ろします。そして今度は、体重が土踏まずの真ん中に来るように、体重のかかる感じを味わってみます。

安定した位置がとれたら、ゆったりとした呼吸をしましょう。お腹に意識を向けて呼吸を続けます。吐くときにお腹がへっこみ、吸うときにお腹が出るのを感じながら、吐いて、吸って、吐いて、吸って、吐いて……。吐くたびごとに、すべての緊張がほぐれていきます。

(2) 今、あなたは、草原の小高い丘の上に立っているとイメージしてみてください。頭の上には青空が広がり、あたり一面は、青々とした草がどこまでも続いています。そよそよ風が渡り、あなたの頬をなでていきます。爽やかな草原の香りがあたり一面に立ち込めています。

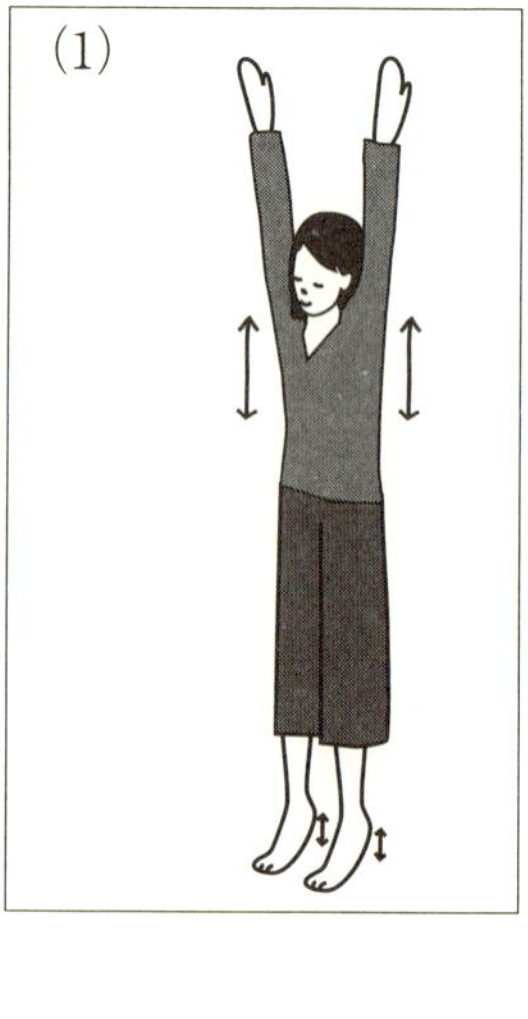

(3) 大きく両手を広げて、深呼吸をしましょう。吐いて、吸って、吐いて、吸って、吐いて……。あなたの足の裏の大地を感じてみましょう。そして、大地からのエネルギーが足を伝わってあなたの身体中に流れていくのを感じてみましょう。大地は草や、花や、木々や、すべての動物、植物、生き物たちを育んでくれています。それは、すべてを育み慈しむ、地球の愛そのものです。そして、母なる地球はいつでもすべての存在をあるがままに愛してくれています。その無条件の愛を十分に受けとりましょう。

(4) 十分に受けとったら、今度は、両手を空に向かって広げてみましょう。天からは太陽の光があなたに降り注がれています。太陽の光に包まれて、ポカポカと暖かく、とても気持ちがよくなります。そして手や頭のてっぺんから、太陽の光が流れ込み、体中に広がっていくのを感じてみましょう。太陽はいつも無条件の愛をあなたに降り注いでいます。あなたはただそれを存分に受けとればいいのです。あなたには愛を受けとる価値があるのです。

十分愛を受けとったら、両手を下ろしてもう一度大地を感じてみましょう。あなたは、天と大地をつなぐ大切な大切な存在

です。

(5) では、片手を空に、片手を大地に向けてみましょう。あなたによって、太陽と大地のつながりが深まったことを、天も地球も歓んでいます。では、両手を元に戻し、まっすぐに立ちましょう。そして、ハートに意識を向け、ハートの上にそっと両方の手のひらを置きましょう。あなたの光はハートから輝いています。その輝きは世界に広がっていきます。ただあなたの輝きを信頼しましょう。あなたは今、無条件の愛そのものです。

(6) 準備が整ったら、意識を現実へと戻していきます。この部屋へ意識を向け、部屋の外の音に耳を傾けましょう。手の指や足の指をそっと動かしてみます。大丈夫だと感じたら静かに目を開け、身体を十分に伸ばします。

あなた自身の魂の癒しの旅へ向けて

真の健康を得るために、スピリチュアリティはとても重要な働きをしています。そして真の癒しは、あなた自身をトータルに知り、気づき、愛していくプロセスそのものです。

あなたが、そのことに気づき、自分の魂の声に耳を傾け、癒しの旅路を歩もうとされていることへ心から敬意を払いたいと思います。

未知の世界へ旅立つときの不安や、道中に試練があるかもしれないと感じながらも、あえてチャレンジしていく勇気は、あなたの人生をより創造的にし、真の幸福をもたらすでしょう。

時には周囲から理解されず孤独に感じたり、目の前に霧が立ち込めたようで途方に暮れることもあるかもしれません。けれど、決してあなた一人ではないことを忘れないでください。そして、これまでにどんなことがあったとしても、必ず癒される力をあなた自身が持っていることもどうか忘れないでください。

あなたがこの旅路を通して、あなたの本質である愛と歓びと光を輝かせることができるとき、この世界に新しい平和と調和がもたらされるでしょう。

あなたの魂の癒しの旅路を心から祝福します。そして、光に満ちた世界へ一緒に歩んでいきましょう。

あとがき

私たちはより幸せになりたいと願って生きています。そのために、健康であることは、何よりもかけがえのない大切なことです。ありがたいことに、日本では、医療が十分に行きわたらない時代から、誰もがより安心で高度な医療を受けられる時代になり、さらに癒しが求められるようになってきました。

医療をよりよいものにし、トータルに健康であるためには、スピリチュアリティについて向き合い、私たちが本来スピリチュアルな存在であることに気づく時期がきたのではないでしょうか。そして私たち自身に備わっているスピリチュアリティを感じ、意識し、ともに分かち合うことが求められているように思います。

振り返ると、私は医師として医療の道に進むだけでなく、スピリチュアリティについて感じ考えるよう、大いなる何かに導き守られ、生かされてきたように感じます。「神とは宇宙の真理」という言葉が意味するものは奥が深く、それを探す旅はこの先も長く続くことでしょう。旅の道のりは長く、道中にどんなことが待っているのかは未知であったとしても、いのちが輝く道であると確信しています。

そして、誰もが歓びにあふれて自分らしく健康に生きる世界、いのちが輝くスピリチュアルヘルスの世界が、21世紀の新しい世界の姿となるのではないでしょうか。

この本をつくるにあたり、太陽出版のスタッフの皆様、小笠原英晃様、編集担当の西田和代様はじめ、この本に携わってくださったすべての方々に感謝いたします。そして、いつも私を見守ってくださっているすべての方々、友人、家族に心より感謝いたします。愛を込めて。

平成22年9月吉日

明石麻里

参考文献

『スピリチュアリティは健康をもたらすか』（ハロルド・G・コーニック著／杉岡良彦訳／医学書院）
『バイブレーショナル・メディスン』（リチャード・ガーバー著／上野圭一監訳／日本教文社）
『エネルギー医学の原理』（ジェームズ・L・オシュマン著／帯津良一監修／エンタプライズ）
『「思考」のすごい力』（ブルース・リプトン著／西尾香苗訳／PHP研究所）
『叡知の海・宇宙』（アーヴィン・ラズロ著／吉田三知世訳／日本教文社）
『フィールド 響きあう生命・意識・宇宙』（リン・マクタガート著／野中浩一訳／インターシフト）
『投影された宇宙』（マイケル・タルボット著／川瀬勝訳／春秋社）
『愛なくば』（池見酉次郎著／光文社）
『愛と心理療法』（M・スコット・ペック著／氏原寛、矢野隆子訳／創元社）
『TA Today』（イアン・スチュアート、ヴァン・ジョインズ著／深沢道子監訳／実務教育出版）
『The Heart's Code』（Paul Pearsall著／Broadway Books）
『記憶する心臓』（クレア・シルヴィア、ウィリアム・ノヴァック著／飛田野裕子訳／角川書店）
『生き方は星空が教えてくれる』（木内鶴彦著／サンマーク出版）
『死後の真実』（E・キュブラー・ロス著／伊藤ちぐさ訳／日本教文社）
『Lessons from the Light』（Kenneth Ring, Evelyn Elsaesser Valarino著／Moment Point Pr Inc）
『チャクラ 癒しへの道』（クリスティン・ペイジ著／両角美貴子訳／サンマーク出版）
『チャクラ・ヒーリング　魂からの癒し』（ブレンダ・デーヴィス著／三木直子訳／徳間書店）

『光の手』上・下（バーバラ・アン・ブレナン著／三村寛子、加納眞士訳／河出書房新社）
『スピリチュアル・ヒーリング』（ベティ・シャイン著／中村正明訳／日本教文社）
『愛は寿命をのばす』（ディーン・オーニッシュ著／吉田利子訳／光文社）
『癒す心、治る力』（アンドルー・ワイル著／上野圭一訳／角川書店）
『からだのスピリチュアリティ』（アレクサンダー・ローエン著／村本詔司、国永史子訳／春秋社）
『がんの痛みからの解放とパリアティブ・ケア』（世界保健機関編／武田文和訳／金原出版）
『緩和ケアマニュアル』第5版（淀川キリスト教病院ホスピス編／柏木哲夫、恒藤暁監修／最新医学社）
『預言者』（カリール・ジブラン著／船井幸雄監訳／成甲書房）
『バーバの教え』（ディーパック・チョプラ著／牧野・M・美枝訳／ダイヤモンド社）
『ヴィソルカス教授のサイエンス・オブ・ホメオパシー』上・下（ジョージ・ヴィソルカス著／秋山賢太郎訳／IACHジャパン出版局監修／アルマット）
『Heal Thyself』（Edward Bach著／The C.W.Daniel Company Limited）
『Organon of the Medical Art』6th edition（Samuel Hahnemann著／Bridcage Books）
「Near-death experience in survivors of cardiac arrest : a prospective study in the Netherlands.」（Van Lommel P. et. al. / Lancet. 2001 Dec 15;358(9298):2039-45.）
「A controlled trial of arthroscopic surgery for osteoarthritis of the knee.」（Moseley JB et al. /N Engl J Med. 2002 Jul 11;347(2):81-8）

参考ＵＲＬ

2007 Statistics on CAM Use in the United States（http://nccam.nih.gov/）

スピリチュアルヘルス宣言

魂の聖なる癒しへの旅

著者紹介

明石麻里（あかし　まり）

心療内科医、ホメオパシー専門医。関西医科大学卒業。眼科専門医を経て、Nature Care College（豪州）に留学し、エネルギーヒーリング学科卒業。帰国後、心療内科に転向。日本心療内科学会登録医、日本ホメオパシー医学会専門医、日本統合医療学会代議員。スピリチュアルな気づきを重視し、心療内科、ホメオパシー、カウンセリング、リラクセーションなどを組み合わせた統合医療の実践に取り組む。著書に『愛と光に目ざめる女神事典』（毎日コミュニケーションズ）がある。

ホームページ
http://womensmeeting.blog101.fc2.com/

2010年11月10日　第1刷

著者
明石麻里

発行者
籠宮良治

発行所
太陽出版

東京都文京区本郷4-1-14　〒113-0033
TEL 03(3814)0471　FAX 03(3814)2366
http://www.taiyoshuppan.net/
E-mail　info@taiyoshuppan.net

イラスト＝中島直美
［印刷］壮光舎印刷［製本］井上製本
ISBN978-4-88469-684-9